TAO
YUAN
MING:
A BIOGRAPHY

陶渊明传论　李长之　作品

华中科技大学出版社
http://www.hustp.com
中国·武汉

有态度的阅读
小马过河（天津）文化传播有限公司出品

新 版 导 读

李长之先生对于中国文学的研究，在现当代的学者中卓然独立，似乎很少有学者能够与其比肩。

虽然他只活了69岁，从事学术研究和创作的实际岁月不足40年，可留下来的论文，单就中国文学的研究已有600余篇，又有10余种学术专著。其作品数量惊人，跨度极大，从上古文学到现当代文学都有所涉猎，涵盖了多个领域的几乎所有重要作家。其研究所及，几乎就是一部完整的中国文学史，实际上这也正是他的毕生渴望——用尽心血撰写一部像样的中国文学史。他的论著质量也非常高。长之先生去世后，其著作没有被人忘记，被汇成文集，许多专著被多家出版社争相出版，有的一版再版，像他的《孔子的故事》现已有二十多个版本，有些著作还被译成英、俄、日等国文字在海外流行，有着极高的学术声誉。

长之先生的中国文学研究，虽然精彩纷呈、风姿各异，却也有着统一的风格，带有长之先生特有的烙印，这些烙印散见于论文，更鲜明地集中体现在他研究作家的传记中。也因此，长之先生虽然集诗人、学者、批评家、翻译家于一身，却往往被一些学者称为传记文学作家或传记式文学批评家。

长之先生的传记式文学批评简单概括起来有这么几个突出的特点：

其一，是视野开阔，能够把传主的生平事迹、学术成就、后世影响，不仅置于当代的背景，而且置于中国的文学长河中审视，尤能放在世界文化的大背景下考察，并给以透彻明了的说明。

长之先生会多种语言，学贯中西，他常言有三个向往的时代，"这三个向往的时代：一是古代的希腊，二是中国的周秦，三是德国的古典时代"[①]。在叙述传主生平的时候，他往往以这三个时代为参照。谈孔子，他开宗明义说："二千五百年前，也就是公元前六世纪左右，世界上几个古老的文明国家都呈现了灿烂的古代文化，一些杰出的学者和思想家就是这种灿烂文化的代表。在希腊有自发唯物论的奠基者泰勒斯（约在公元前六二四至前五四七年）和辩证法的奠基者赫拉克利特（约在公元前五四〇至前四八〇年），在印度有佛教的创始人释迦牟尼（约生于公元前五五〇年），在中国有孔子（公元前五五一至前四七九年）。"[②]谈司马迁的历史观，他说："一个历史家的可贵，首在有一种'历史意识'。有历史意识，然后才能产生一种历史范畴。历史范畴是什么呢？历史范畴就是演化。凡是认为一切不变的，都不足以言史。自来的思想家，不外这两个观点：一是从概念出发，如柏拉图，如康德；一是从演化出发，如亚里斯多德，如黑格尔。司马迁恰恰是属于后者的。

[①] 李长之. 李长之文集：第十卷[M]. 石家庄：河北教育出版社，2006：151.
[②] 李长之. 李长之文集：第一卷[M]. 石家庄：河北教育出版社，2006：135.

用他的名词说，就是变，就是渐，就是终始。"① 叙及李白的才气，他比照说："倘若说在屈原的诗里是表现着为理想（Ideal）而奋斗的，在陶潜的诗里是表现着为自由（Freiheit）而奋斗的，在杜甫的诗里是表现着为人性（Menschlichkeit）而奋斗的，在李商隐的诗里是表现着为爱（Liebe）、为美（Schönheit）而奋斗的，那么，在李白的诗里，却也有同样表现着的奋斗的对象了，这就是生命和生活（Leben）。"② 对于李白的豪气和才气，他说："李白诗的特色，还是在他的豪气，'黄河之水天上来'，这是再好也没有的对于他的诗的写照了！在一种不能包容的势派之下，他的诗一无形式！或者更恰当地说，正如康德（Kant）那意见，天才不是规律的奴隶，而是规律的主人（Das Genieist Meister der Regelu und nicht ihr Sklave），李白是充分表现出来了。"③

文学传记中对于人物的评价描述，颇近似于物理学中的定位。物理学中对于物体的定位，原则是参照的坐标越多，审视的高度越高渺，定位就越准确。现代物理的定位系统已发展为多个卫星高空定位。文学传记对于历史人物的评价描述也是这样，囿于一隅一时，坐井观天，是绝对写不出好的传记来的。正如庄子所说："夫水之积也不厚，则其负大舟也无力。覆杯水于坳堂之上，则芥为之舟，置杯焉则胶，水浅而舟大也。"

阅读长之先生的传记文学，你能够感受到他丰厚的学术根基、

---

① 李长之. 李长之文集：第六卷[M]. 石家庄：河北教育出版社，2006：339.
② 李长之. 李长之文集：第六卷[M]. 石家庄：河北教育出版社，2006：7.
③ 李长之. 李长之文集：第六卷[M]. 石家庄：河北教育出版社，2006：76.

雄阔的学术视野，他对于中国文学和世界文化了如指掌，随手拈来，参照比较，得心应手。唯其站得高远，比照观察的对象丰富，故其叙述能高屋建瓴，挥洒自如，对于传主的生平、学术、影响的判断也就格外精准，这是一些盲人摸象、目光如豆的传记作家所难以比拟的。

其二，是他的文学传记富于浓郁的感情色彩，耐读，有兴味，具有抒情性。

长之先生主张："批评家在作批评时，他必须跳入作者的世界，他不但把自己的个人的偏见、偏好除去，就是他当时的一般人的偏见、偏好，他也要涤除净尽。他用作者的眼看，用作者的耳听，和作者的悲欢同其悲欢，因为不是如此，我们会即使有了钥匙也无所用之。"但他又说："具体的，以我个人的例子来说，我是喜欢浓烈的情绪和极端的思想的"，"以感情作为批评态度"，"以写出感情的型作为最高文艺标准"。他说："感情就是智慧，在批评一种文艺时，没有感情，是决不能够充实、详尽、捉住要害的。我明目张胆地主张感情的批评主义。"[①]

如果说，长之先生主张的前者是对于一般传记作家的要求的话，那么，他所主张的后者则是张扬着自己的要求，体现了他的个人色彩。

写传记时跳入传主的世界不易，与传主同悲欢，进一步诉之于有浓烈情感的文字更不易。为什么呢？因为传主是有感情的人，文学艺术家传主的感情较之一般人更是敏感丰富，否则他们怎么

---

① 李长之. 李长之文集：第三卷[M]. 石家庄：河北教育出版社，2006：11-13.

能写出感人的作品呢？但感知一个伟大灵魂的情感，即使不是另一个伟大的灵魂，起码要相去不远。所以古人说："音实难知，知实难逢，逢其知音，千载其一乎。"庆幸的是，有着丰厚学术根基的长之先生恰恰同时也是诗人，也是散文家，是一个在感情上敏感而丰富的人。他多思善感，读《红楼梦》可以热泪盈眶；重校自己的《司马迁之人格与风格》关于李陵案的一章，竟然"泪水一直模糊着我的眼"。他自己就是美学中"移情"的典范。所以，就"批评家在作批评时，他必须跳入作者的世界"，"就宛如自己也有那些思想和情绪"而言，他与一般的传记文学作者并没有区别；但以长之先生的性格，以他的感情的批评主义的理论和实践而言，他的传记文学所表现的感情色彩就较之一般的传记文学要强烈张扬得多。由于他具有语言天赋，他的笔锋又足以传递出那感情的浓烈，阅读他的传记文学就很容易感同身受，被其强烈的抒情性所吸引、感染。

其三，他的传记文学能够把学术性和通俗性有效地结合，雅俗共赏，老少咸宜。

长之先生的许多传记文学起初是作为通俗读物出版的。《孔子的故事》自不待言，《韩愈》在民国时期被列入"中国历代名贤故事集"，《司马迁之人格与风格》曾在《国文月刊》上连载，《道教徒的诗人李白及其痛苦》在二十世纪五十年代由三联书店以"中国历史小丛书"形式出版。但它们又有很高的学术性，不失为严谨的学术性著作：七万余字的《孔子的故事》，脚注多达二百三十九条，几乎每页都有相关的脚注，引书达几十种之多，可称言必有据。《司马迁之人格与风格》作为大学本科研究《史记》的必读书目，其中第一章的附录《司马迁生年为建元六年辩》在一九五五年还被一个叫刘际铨的人剽窃在《历史研究》上发表。为此，长之先生致信郭沫若，《历史研究》杂志发表声明致歉，而"司马迁生于建元六年"遂成为司马迁生年研究中的重要一说。他的《陶渊明传论》发表后，遂在二十世纪五十年代的古典文学界掀起了讨论陶渊明的热潮。

关于通俗读物的写作，长之先生有热情，也有明确的追求，那就是宋人所说的，"凡立言，欲涵蓄意思，不使知德者厌，无德者惑"。他一生的论著其实也都本着这一原则。但他很谦虚地表示："至于做到做不到，自己却不敢说了。"

眼下读者所见到的长之先生关于文学家的传记式批评，共有六种，它们是《孔子的故事》《司马迁之人格与风格》《陶渊明传论》《韩愈》《道教徒的诗人李白及其痛苦》，以及《鲁迅批判》。但长之先生所写成和计划想写的其实远不止这些。已经成文发表的古典文学长篇论文还有《屈原作品之真伪及其时代的一个蠡测》《孟轲之生平及时代》《西晋诗人潘岳的生平及其创作》《李清照论》《〈琵琶记〉的悲剧性和语言艺术》《关汉卿的剧作技巧》《洪昇及其〈长生殿〉》《章学诚精神进展上的几个阶段》《刘熙载的生平及其思想》《红楼梦批判》等；至于专著，尚有《杜甫论》《李商隐论纲》等未完成。后二者是早在二十世纪三十年代，长之先生撰写《道教徒的诗人李白及其痛苦》时就立志要写的。可惜天不遂人愿，虽然长之先生已然有了充分的构思，完稿指日可待，可由于某些原因，戛然而止。关于杜甫的传记，只留下提纲；关于李商隐的传记，只来得及写了论纲——均成了《广陵散》，给后人留下无比的遗憾和悬想！

于天池、李书[①]
2021年于疫情中

[①] 于天池，北京师范大学中文系教授、博士生导师。李书，九三学社中央社史研究中心研究员。

自　序

关于陶渊明，我时常要给他写一个传或者评论。也曾起过几次草，但都没有完成——时日稍过，自己的见解也随着变了。现在写出的是在较长的时间内比较固定一些的看法。主要的是企图解决两个问题：一是陶渊明和晋、桓玄、刘裕的关系如何，以及他对农民的态度如何，总之是他的政治态度；二是他和儒家、道家、佛教等的关系如何，究竟应该肯定他有几分儒家思想，有几分道家思想，以及他自成为一种什么样的思想面目，总之也就是他的思想态度。我觉得他的政治态度和思想态度也都有一种发展，文中也就附带地加以阐明。为了准备论据，必须先有一个较详的传记，并且对他的作品创作的时日也须有一个考订，这也就是书的前半部分的内容。这些见解都不够成熟，是不成问题的，只有请读者们赐教！同时这些见解也有大部分是继续了前人以及当代人的研究成绩，这点则是应该声明，并表示感谢的。鲁迅先生在《魏晋风度及文章与药及酒之关系》一文中说："陶潜总不能超于尘世，而且，于朝政还是留心，也不能忘掉'死'，这是他诗文中时时提起的。用别一种看法研究起来，恐怕也会成一个和旧说不同的人物罢。"我们现在的看法也有些和旧说不同,但未必能达到鲁迅先生的期望。本来还想论陶渊明的艺术成就和生活态度,但因为有些其他工作耽搁太久了,所以姑且暂告一个段落。

一九五二年十月十七日,李长之

目录

陶渊明的两个重要先辈——陶侃和孟嘉

一 关于了解陶渊明的政治态度的一点线索　002

二 被人轻视的善战的溪族　003

三 自强不息和反对浮惰　009

四 陶侃是桓玄刘裕一流人　014

五 魏晋风度的实际意义和桓温系的孟嘉　019

六 陶渊明所受两方面的影响　027

陶渊明的一生及其作品

一 引子——陶渊明诞生的时代　030

二 陶渊明的一生的总括	034
三 早年的生活和教育经历	035
四 十二年的矛盾生活的开始	038
五 矛盾的继续	043
六 桓玄政变时期的陶渊明	048
七 最后的摇摆——《归去来兮辞》的创作动机的分析	063
八 步入二十二年的躬耕生活——他的思想的成熟	075
九 再度处于改朝换代时的陶渊明	104
十 陶渊明的死	123

十一　尾声 127

陶渊明论

一　论陶渊明的政治态度 130

二　论陶渊明的思想态度 136

附录

我所了解的陶渊明 152

陶渊明真能超出于时代吗？ 156

序——为陶渊明和庄子的文章而写 161

陶渊明的孤独之感及其否定精神 164

关于《陶渊明传论》的讨论	175
谈陶渊明——陶渊明逝世一千五百三十周年纪念	181
大诗人陶渊明的前后	188
新中国成立后陶渊明研究的报春花——说李长之的《陶渊明传论》	210
长之自订年谱	224
李长之传略	233

陶渊明的两个重要先辈——陶侃和孟嘉

一　关于了解陶渊明的政治态度的一点线索

陶渊明的性格和政治态度，是和他的两位著名的先辈有密切关系的。这倒并不是仅仅由于生理学的或遗传学的看法，如果那样，便未免是机械唯物论了。问题是，陶渊明对于这两位先辈，的确有着异乎寻常的崇拜；因为崇拜，就容易受着影响。在事实上，陶渊明的风度、爱好、习惯，我们也都可以在他那两位先辈的传记里找到鲜明的影子，那么，关于陶渊明的政治态度，也就在他这两位先辈的政治态度中可能得到一点线索了，虽然这不是唯一的线索。

二　被人轻视的善战的溪族

　　陶侃是不是陶渊明的曾祖，曾经有过争执。阎若璩、阎咏父子和洪亮吉都是主张陶渊明并非陶侃的直系后代的，何焯、钱大昕以及大部分研究陶渊明的专家则肯定他是。

　　这事情确有可疑。因为，虽然沈约的《宋书》上载明"曾祖侃"，但和陶渊明的同时代诗人并且又是陶渊明的好朋友的颜延之作的"诔"却只有"韬此洪族"四个字，并没有提到他的曾祖是谁；更奇怪的是陶渊明自己的《命子》诗，提到陶侃时，只是说"在我中晋，业融长沙，桓桓长沙，伊勋伊德"，竟缺少明确的交代，而《赠长沙公》一诗，序文"长沙公于余为族祖同出大司马"，在族祖之间的句读又有两种读法，再加上下文更淡淡地说出"昭穆既远，已为路人"的话，这就越增加了读者的迷惑。所以朱自清所写《陶渊明年谱中之问题》一文，索性说："至世系年岁，则只可姑存然疑而已。"朱自清的文章是带有总结性的，这就是说，这个问题就现有的史料论，已证明是不可能得出更明确的答案了。

　　因此，我们对这问题可以不必纠缠在陶侃是否是陶渊明的曾祖上。

　　我们现在要指出的乃是纵然陶侃不是陶渊明的曾祖，他们的关系是不是很密切呢？答案是：也仍然是的。这就是他为他的外祖父孟嘉所写的《晋故征西大将军长史孟府君传》中所说的:"(孟嘉)娶大司马长沙桓公陶侃第十女。"那么,他的外祖乃是陶侃的女婿,也就是,他的外祖母乃是陶侃的女儿,这却是千真万确的,这关系难道还不够密切么?一个外祖母是很可以向外孙谈谈自己的父亲的,那么,陶侃的一生可能对陶渊明有很深的印象,不也很自然么?

再看,陶渊明在《命子》诗里对陶侃的崇拜:

> 在我中晋,业融长沙。
> 桓桓长沙,伊勋伊德。
> 天子畴我,专征南国。
> 功遂辞归,临宠不忒。
> 孰谓斯心,而近可得?

言外是说他比桓温、桓玄、刘裕都高明得多。

陶侃是陶渊明这样关系密切又这样崇拜的人物,他应该给陶渊明以极大极深的影响。事实上也确是如此。

这种影响可分两方面说,一方面是性格、爱好,一方面就是政治态度。

先说性格、爱好方面。陶侃的出身是寒微的,在当时并不是名族。我们看他初入宦途时困难的情形:

> 陶公少有大志,家酷贫,与母湛氏同居。同郡范逵素知名,举孝廉,投侃宿。于时冰雪积日,侃室如

悬磬，而逮马仆甚多。侃母湛氏语侃曰："汝但出外留客，吾自为计。"湛头发委地，下为二髲，卖得数斛米；斫诸屋柱，悉割半为薪；锉诸荐，以为马草。日夕，遂设精食，从者皆无所乏。逵既叹其才辩，又深愧其厚意。明旦去，侃追送不已，且百里许。逵曰："路已远，君宜还。"侃犹不返，逵曰："卿可去矣，至洛阳，当为美谈。"侃乃返。逵及洛，遂称之于羊晫、顾荣诸人，大获美誉。

——《世说新语·贤媛》

必须母亲剪了头发，砍了柱子，割了席子，才能供得起客人；送客人，又要追送一百多里地，这样才能得到一个很小的官做。可见够艰难，也够惨痛！原因，就在他出身寒微。当他到了洛阳时，更受尽了当时一般名族的冷落。他去看张华，张华"初以远人，不甚接遇"（《晋书》卷六十六，《陶侃传》）。他去看同乡羊晫，羊晫就受到批评："奈何与小人共载？"（同上，羊晫《晋书》作杨晫，此据吴士鉴《晋书校注》改）就是后来陶侃做了征西大将军，因讨伐苏峻，立了大功，那时已经七十岁左右了，却还被人骂为"溪狗"：

石头事，故朝廷倾覆（指苏峻事）。温忠武（温峤）与庾文康（庾亮）投陶公求救，陶公云："肃祖（晋明帝司马绍）顾命不见及；且苏峻作乱，衅由诸庾。诛其兄弟，不足以谢天下。"于是庾在温船后，闻之，忧怖

无计。别日,温劝庾见陶,庾犹豫未能往。温曰:"溪
狗我所悉,卿但见之,必无忧也!"庾风姿神貌,陶一
见便改观,谈宴竟日,爱重顿至。

——《世说新语·容止》

不但当时人如此轻视他,就是到了唐代所撰的《晋书》上也仍然评论他:"士行望非世族,俗异诸华。"这都说明陶侃出身的寒微。

从温峤称他为"溪狗",和《晋书》上说他"俗异诸华"看来,他之被人轻视又不只是阶级的关系而已,又有民族的背景在。溪族也就是《魏书》卷九十六《僭晋司马睿传》所谓"巴蜀蛮獠溪俚楚越"的溪族。陈寅恪有《〈魏书·司马睿传〉江东民族条释证及推论》一文[①],证明陶侃的乡里庐江郡正是溪族杂处区域,他的诸子之凶暴也与善战的溪人的气类相似,结论说:"江左名人如陶侃及渊明亦出于溪族。"这是可信的。

陶侃本来的职业,大概是捕鱼。《晋书》卷六十六有这样的传说:

或云:"侃少时渔于雷泽,网得一织梭,以挂于壁,有顷雷雨,自化为龙而去。"

吴士鉴《晋书校注》引《御览》四十八《异苑》文:

[①] 《历史语言研究所集刊》第十一本,一九四三年。

> 钓矶山者，陶侃尝钓于此山下，水中得织梭一枚，还挂壁上，后化成赤龙，从空而去，其山石上犹有侃迹存焉。

《世说新语·贤媛》：

> 陶公少时作鱼梁吏，尝以坩鲊饷母。母封鲊付使，反书责侃曰："汝为吏，以官物见饷，非惟不益，乃增吾忧也。"

刘孝标注引《幽明录》：

> 陶公在寻阳西南一塞取鱼，自谓其池曰鹤门。

这些故事的背后都有一个共同的历史真实性，那就是陶侃"本出于业渔之贱户"，如陈寅恪所说。陈寅恪早另有《桃花源记旁证》一文[①]曾指出那是"寓意之文，亦纪实之文"，但那时他还只说那是根据戴延之随刘裕入关后的见闻，和刘骥之入衡山采药二事创作出来的，现在他这《〈魏书·司马睿传〉江东民族条释证及推论》一文里又加上："'武陵人捕鱼为业，缘溪行'，正是一篇溪族纪实文字。"我们对这也应该首肯。溪族是勇敢善战的，晋义熙六年卢循之战时，参军殷阐曾说："循所将之众，皆三吴旧贼，百战余勇，始兴溪子拳捷善斗，未易轻也。"（《资治通鉴》，卷一百十五）

---

① 《清华学报》十一卷一期，一九三六年一月。

陶侃的性行也有类似。

　　总之,从陶侃到陶渊明,这里有一个出身寒微、以捕鱼为业的善战的溪族生活背景在。从这里,我们不能不想到陶渊明的勤俭、能劳动、倔强和仕宦不能得意等等了。当然,这些生活和性格的养成,也还有其他的原因,那是有待于别方面的分析的,然而无疑在这里也说明了一部分。

三　自强不息和反对浮惰

我们现在举几件具体的事情，见出陶侃对陶渊明的影响。陶侃是一个振作而有打算的人。《晋书》卷六十六：

> 侃在州无事，辄朝运百甓于斋外，暮运于斋内。人问其故，答曰："吾方致力中原，过尔优逸，恐不堪事。"其励志勤力，皆此类也。

《世说新语·政事》：

> 陶公性检厉，勤于事。作荆州时，敕船官悉录锯木屑，不限多少，咸不解此意。后正会值积雪始晴，听事前除雪后犹湿，于是悉用木屑覆之，都无所妨。官用竹，皆令录厚头，积之如山，后桓宣武伐蜀，装船悉以作钉。

《世说新语》刘孝标注引《晋阳秋》：

> 侃练核庶事，勤务稼穑，虽戎陈武士，皆劝厉之。

> 有奉馈者，皆问其所由，若力役所致，欢喜慰赐；若他所得，则呵辱还之。是以军民勤于农稼，家给人足。……侃勤而整，自强不息。又好督劝于人，常云："民生在勤，大禹圣人，犹惜寸阴，至于凡俗，当惜分阴。岂可游逸、生无益于时，死无闻于后？是自弃也。又老庄浮华，非先王之法言，而不敢行，君子当正其衣冠，摄以威仪，何有乱头养望，自谓宏达耶？"

又引《晋中兴书》：

> 侃尝检校佐吏，若得樗蒲博弈之具，投之，曰："樗蒲，老子入胡所作，外国戏耳。围棋，尧、舜以教愚子。博弈，纣所造。诸君国器，何以为此？若王事之暇，患邑邑者，文士何不读书？武士何不射弓？"谈者无以易也。

这种勤俭、自强不息、鼓励稼穑、反对浮华游惰的习惯，可视为陶氏的家教。

我们再看陶渊明的诗：

> 先师遗训，余岂云坠？
> 四十无闻，斯不足畏。
> 脂我名车，策我名骥。
> 千里虽遥，孰敢不至？
>
> ——《荣木》

这不同样是自强不息的精神么？

> 忆我少壮时，无乐自欣豫。
> 猛志逸四海，骞翮思远翥。
> 荏苒岁月颓，此心稍已去。
> 值欢无复娱，每每多忧虑。
> 气力渐衰损，转觉日不如。
> 壑舟无须臾，引我不得住。
> 前涂当几许，未知止泊处。
> 古人惜寸阴，念此使人惧！
>
> ——《杂诗》十二首，其五

这不就直然是陶侃所说"大禹圣人，犹惜寸阴"的警觉么？自然，陶渊明是诗人，不像陶侃是军人——有四十年行伍生活的军人，不会那样单纯，不会没有一点感伤，然而他仿佛时刻在记得陶侃那种奋勉的话似的，却是不可否认的。

陶渊明对于生活要求不高，"岂期过满腹，但愿饱粳粮，御冬足大布，粗绨已应阳"（《杂诗》十二首，其八）；他自己情愿劳动，而不愿意过坐享其成的生活，"人生归有道，衣食固其端。孰是都不营，而以求自安？开春理常业，岁功聊可观。晨出肆微勤，日入负耒还"（《庚戌岁九月中于西田获早稻》）；他不但自己劳动，也劝人劳动，"先师有遗训，忧道不忧贫。瞻望邈难逮，转欲志长勤。秉耒欢时务，解颜劝农人"（《癸卯岁始春怀古田舍》二首，其二）；他另作有《劝农·其五》诗，指出："民生在勤，勤则不匮。"并说明:"相彼贤达,犹勤垄亩。矧兹众庶,曳裾拱手?"这不也是陶侃那种自身勤劳,又劝人稼穑的神气么?

陶渊明在种田之余,也没忘了读书,"既耕亦已种,时还读我书"(《读〈山海经〉》十三首,其一),正是实行了陶侃说的"文士何不读书"的教训的。

在陶渊明的诗中,虽然有过"栖迟固多娱,淹留岂无成"(《九日闲居》)的话,仿佛有些松懈似的,也说过"立善常所欣,谁当为汝誉"(《形影神·神释》)的话,仿佛有些消极似的,然而在他所有的诗文中谈过饮酒,谈过琴书,却始终没说过博弈,这也是和陶侃的反对博弈有相同之处的。

在陶渊明的思想中,有老庄成分是不成问题的,虽然不能像朱熹那样全称肯定地说:"其旨则出于老庄。"但陶渊明自有他的限度,不像其他老庄之徒,就是饮酒吧,也是"既醉而退,曾不吝情去留"(《五柳先生传》),而且他有时还想到:"老少同一死,贤愚无复数,日醉或能忘,将非促龄具?"(《形影神·神释》)这个限度正如魏了翁所说:"有阮嗣宗之达,而不至于放。"也许陶侃那种反对老庄的态度对他正有一部分影响。陶侃也是个有节制的人,《晋书》卷六十六:"侃每饮酒,有定限,常欢有余而限已竭。"诗人的陶渊明在饮酒上当然不能理智到这地步,然而他也绝不是沉湎的。

再举两件小事。陶侃对人恩怨分明。当他晚年,因功封了长沙郡公以后,"命张夔子隐为参军,范逵子珧为湘东太守,辟刘弘曾孙安为掾属,表论梅陶,凡微时所荷,一飧咸报"(《晋书》卷六十六)。这也正如陶渊明在《乞食》诗里所说的:"感子漂母惠,愧我非韩才。衔戢知何谢,冥报以相贻!"陶侃临死的时候,神志异常清明,"及疾笃,将归长沙,军资器仗、牛马舟船,皆有定簿,封印仓库,自加管钥,以付王愆期,然后登舟,朝野以为美谈"(《晋书》卷六十六)。这和陶渊明在死前写好《与子俨等疏》,临死时作《自祭文》《挽歌辞》,同样是那么从容的。

勤劳、积极、理智、有节制,这是陶侃和陶渊明的共同点。

当然也有他们的距离:陶侃毕竟是军人,跋扈是有的,权术是有的,所以他的部下梅陶批评他:"陶公机神明鉴似魏武。"(《晋书》卷六十六)同时他也有很小气的地方,喜欢苛察为明。陶渊明是诗人,比他和易、淳厚、大方,却没有他精明。由于地位和生活不同,陶侃虽然爱惜竹头木屑,虽然爱惜别人的劳动,例如他曾把随便取人没长熟的稻子的人打过一顿鞭子,但他仍有腐化豪奢的一面,那就是"媵妾数十,家僮千余,珍奇宝货,富于天府"(《晋书》卷六十六),而陶渊明却是"居无仆妾"(颜延之《陶征士诔》),"老至更长饥"(《有会而作》),苦一辈子。

四　陶侃是桓玄刘裕一流人

现在谈陶侃的政治态度,并从而对陶渊明的政治态度也作一臆测。

首先,我们要记得陶侃是一个跋扈的军人,更恰当地说,是一个跋扈的军阀。他带兵四十年,有曹操那样的机智和勇敢,他在东晋的地位是在王敦、苏峻、桓温、桓玄、刘裕这一个行列里。从王敦起,到刘裕为止,都是想学曹操、司马懿那种夺取政权的方式的。

当时的晋室很微弱,所谓皇帝不过是天天受那些有名的士族和跋扈的军阀的气的可怜虫。在最初,军阀与军阀间有些牵制,那些出身士族的政治家又有些手腕,就利用军阀间的矛盾,维持了小朝廷的局面。后来这些士族的势力衰弱了,军阀们就自相吞灭,所以自士族出身的大政治家谢安一死(公元三八五年),桓玄就几乎成功(公元四〇三年),刘裕就完全成功(公元四二〇年)了。王敦(公元三二四年)、苏峻(公元三二八年)、桓温(公元三七三年)等的失败,不过是历史条件还没有成熟而已。

这些军阀夺取政权的步骤,几乎有一个一般的公式:一是握有军事大权;二是占有两个军事要地之一,或者是长江上流武昌、江陵、荆州一带,或者是在建业之西京口(今江苏镇江)一带;

三是对内要有军事上的优胜的表现,先是平"造反"的,取得更高的军事地位后,就慢慢自己也对"造反"垂涎起来;四是对外也要立功,因为这时一般人所感觉最大的问题还是收复北方失地,在这一方面如果没有表现,是不容易受人拥护的,这更是一个十分重要的政治资本;五是最后,就是取得像曹操、司马懿那样的"阿衡"的地位以后,就请皇帝"禅让"。刘裕就是完成了这些步骤的一个典型,其他的军阀或者完成其中的一部分,或者具体而微。

陶侃也是属于这个类型的。他是一个活了将近八十岁的老军阀(他在临死时上表说:"臣年垂八十,位极人臣。"时为公元三三四年)。他在西晋末年已经崭露头角,已是荆州刺史,打败过王真,打败过杜弢。平了王敦以后,他是都督荆、雍、益、梁州诸军,征西大将军;平了苏峻,他被封为长沙郡公,加都督交、广、宁七州军事。他镇守的地方,正是江陵、巴陵、武昌等地。这就是,他已有了上面所说的夺取政权的三个步骤:握军事大权,居军事要地,平内乱有大功。那么,下一步呢?那就是他在最后所上的表中所说的:"臣间者犹为犬马之齿尚可小延,欲为陛下西平李雄,北吞石季龙,是以遣毋丘奥于巴东,授桓宣于襄阳。良图未叙,于此长乖。"可惜的是,这一步已经布置了,却没有完成就死了。

就他的身份和地位看,就他处的环境看,就他前前后后的同样身份和地位的像王敦、苏峻、桓温、桓玄、刘裕等的榜样看,他如果是例外,那倒不可思议了。

陶渊明在《命子》诗里说他:"天子畴我。"注家虽然对"畴"字费了许多事,绕了许多弯儿,不肯说那就是和天子相等的意思,然而就当时的情势看,就下文"孰谓斯心,而近可得"看,并且注家已经知道是指桓玄、刘裕了,那么那句话的实质意义乃是"彼可取而代也"。

如果我们根据当时历史的情况加以理解的话,陶侃是不可能完全忠于晋室的。他可以夺取政权,一旦条件成熟。历史的记载也就是如此。《晋书》卷六十六《陶侃传》记他平苏峻之役时说道:

> 暨苏峻作逆,京都不守,侃子瞻为贼所害。平南将军温峤要侃同赴朝廷。初,明帝崩,侃不在顾命之列,深以为恨,答峤曰:"吾疆场外将,不敢越局。"峤固请之,因推为盟主。侃乃遣督护龚登率众赴峤,而又追回。峤以峻杀其子,重遣书以激怒之。

《晋书》卷六十七《温峤传》就记得更明确:

> (峤)遣王愆期等要陶侃同赴国难,侃恨不受顾命,不许。……时陶侃虽许自下而未发,复追其督护龚登。峤重与侃书曰:"仆谓军有进而无退,宜增而不可减。……仁公今召军还,疑惑远近,成败之由,将在于此。……恐惑者不达高旨,将谓仁公缓于讨贼,此声难追。……假令此州不守,(祖)约(苏)峻树置长官于此,荆楚西逼强胡,东接逆贼,因之以饥馑,将来之危,乃当甚于此州之今日也。以大义言之,则社稷颠覆,主辱臣死,公进当为大晋之忠臣,参桓文

之义，开国承家，铭之天府；退当以慈父雪爱子之痛。……今出军既缓，复召兵还，人心乖离，是为败于几成也。愿深察所陈，以副三军之望！"峻时杀侃子瞻，由是侃激励，遂率所统，与（温）峤、（庾）亮同赴京师。

可见陶侃本来不想出兵，出了兵又后悔，只因想到爱子被杀，但也是被别人借此激怒，才去打仗的。他对于晋室是多么冷淡？不但冷淡，想到"不在顾命之列"，还"深以为恨"呢。

我们再看下面这个传说：

（侃）又梦生八翼，飞而上天，见天门九重，已登其八，唯一门不得入，阍者以杖击之，因坠地，折其左翼。及寤，左腋犹痛。……及都督八州，据上流，握强兵，潜有窥窬之志，每思折翼之祥，自抑而止。

——《晋书》卷六十六

清丁国钧《晋书校文》对于这种传说很不以为然，说："曰潜有，曰每思，曰自抑，皆非本人不知，作史者从何探得？桓公东晋第一名臣，而传文多微词，于无可捉摸之中，构坐以不臣之罪，尤可骇怪。"其实是没有什么可骇怪的，如果从当时大势上去理解的话。而且上面这一段传说也并非《晋书》的创作，而是王隐的《晋书》和刘敬叔的《异苑》中已经记录了的。我们说过，陶侃是一个精细而有打算的人，他想夺取政权，但他不会不考虑到现实的条件，他也一定觉得当时条件还没成熟，例如对外立功，就还只有布置而没完成，如果猛进，便会失败，他有这种意识之后，所以在梦中，就变为折翼坠地了。他大概并非因为有过这个梦，才自抑而止，恰恰相反，正因为自抑而止，才有了这个梦的吧。

除了由于以前的人对于梦的科学知识不足，记录梦和现实的先后关系上有所颠倒而外，这个梦的传说完全是合情合理的，也完全是有真实性的。

陶侃不是一个完全忠于晋室的人，而是一个有野心夺取政权的人，乃是正如桓玄、刘裕类型一样的人，只是还没布置就绪，这是我们可以肯定的。以前的一部分历史家不肯这样认识他，那只是由于为了统治者的利益，怕给这种人以鼓励，同时也是怕见"叛逆"的字样，有些触目惊心就是了。后来又由于陶渊明的地位之提高，统治阶级的学者既认定陶渊明是忠于晋室的，于是也助长了粉饰陶渊明的先辈陶侃的政治态度。但也有人持折中的意见，以为陶渊明虽是忠于晋室的，陶侃却有问题，就像蒋薰在评《命子》诗中所说："长沙公侃，前史多议其非纯臣，而此心有不可问者，陶翁为祖讳也。"[①] 这多少看见了真理的一半。

陶侃的政治态度显明如此，陶渊明对于他既只有赞扬而没有批评，加之陶渊明在生活的其他方面又受陶侃的影响那样多而且大，陶渊明对于晋室是什么感情，还不很容易推断了么？但这个结论且不忙着下，再看他的外祖孟嘉。

---

① 蒋薰评《陶靖节诗集》卷一，第八页，乾隆二年刻本。

五　魏晋风度的实际意义和桓温系的孟嘉

孟嘉和陶渊明的关系更密切一些，他和陶渊明的共同点更多一些，他对于陶渊明的影响也更大一些。

我们所以说孟嘉和陶渊明的关系更密切一些，这是因为：孟嘉确确切切是他的外祖，不像陶侃是否是他的曾祖还让后代的人发生过争论；其次是陶侃被陶渊明提到时只是在《命子》诗里寥寥几句，而孟嘉却是有陶渊明写的详细的《晋故征西大将军长史孟府君传》，而这个传记又是详细到连《世说新语》和《晋书》都没有另外的材料（只是《晋书》记他活了五十三岁，此传作五十一，此外很少差异），可知陶渊明对孟嘉是更熟悉些；再次是，孟嘉的出身是比陶侃高些，陶侃寒微，可能是渔户，孟嘉的曾祖孟宗却是吴司马，孟嘉自己也是"名冠州里，声流京邑"（《晋故征西大将军长史孟府君传》），这就是说，他更近于当时的士族，文化教养也就高些，不像陶侃只是一个老粗，这对于读书人的陶渊明来说，气味上就更接近了。

孟嘉有当时所谓的名士风流，也有后来人所称为的魏晋风度。这种风流或风度是当时士大夫的一种架子和应付人事的方式，这是在封建贵族阶级里所欣赏的一种"人格美"，同时也是现实社会所需要的一种做人的方法。它是由修养而得的，它的实际意义之一便是当时的统治阶级所需要的一种政治家的仪表或态度，因而也是登上政治舞台的政治资本之一。我们看陶渊明写的传里有这样两段：

> 太傅河南褚裒，简穆有器识，时为豫章太守，出朝宗（庾）亮，正旦大会，州府人士，率多时彦，君在坐次甚远。裒问亮："江州有孟嘉，其人何在？"亮云："在坐，卿但自觅。"裒历观，遂指君谓亮曰："将无是耶？"亮欣然而笑，喜裒之得君，奇君为裒之所得，乃益器焉。

> 君尝为刺史谢永别驾，永，会稽人，丧亡，君求赴义。路由永兴，高阳许询有隽才，辞荣不仕，每纵心独往，客居县界，尝乘船近行，适逢君过，叹曰："都邑美士，吾尽识之，独不识此人。唯闻中州有孟嘉者，将非是乎？然亦何由来此？"使问君之从者，君谓其使曰："本心相过，今先赴义，寻还就君。"及归，遂止信宿，雅相知得，有若旧交。

褚裒是当时的大政治家，许询是当时玄言诗作者的两大代表人物之一（另一是孙绰），他们都在风度上猜得出是孟嘉，这说明孟嘉的声誉之大，也说明孟嘉确乎是够得上所谓魏晋人的风度的典型。

因为这种风度是符合于封建贵族的身份的，所以有了这种风度，就可以做大官（当然做大官还有其他的条件）。因而就有下面这一段传文：

> 光禄大夫刘耽，昔与君同在（桓）温府，渊明从父太常夔尝问耽："君若在，当已作公否？"答云："此本是三司人！"为时所重如此。

但是他为什么没有真正"作公"呢？这是因为时代变了，士族的贵族政治已经过去了，另一种势力是军阀。如果没有军权，或者不服服帖帖于这种军权，是什么也做不出来的。这就可以解释桓温对他说的"人不可无势，我乃能驾御卿"了。

照我们现在所理解，所谓魏晋风度，一方面就是高贵，正如上所说，它的实际意义乃是登政治舞台的一种政治资本，这个意义是积极的；另一方面则是镇静，它的实际意义就是在那个动乱的时代，在那个统治阶级内部互相倾轧的时代，在那个一般人（包括统治阶级在内）的性命朝不保夕的时代，需要有一种遇事不能惊惶，不能立时有所表示，免得为人借口，或者看穿了弱点而容易下手的一种应付方法，这个意义是消极的。

在后一个意义之下的魏晋风度，孟嘉也仍然有的。这就是所谓"冲默有远量"，"未尝有喜愠之容"。传文中如是说：

> 九月九日，（桓）温游龙山，参佐毕集，四弟二甥咸在坐，时佐吏并着戎服。有风吹君帽堕落，温目左右，及宾客勿言，以观其举止。君初不自觉。良久如厕，

温命取以还之。

帽子吹落是不会不觉的,他的不觉就是一种镇静的风度。这在当时是十分必要的。我们为了了解魏晋人何以常常"喜怒不形于色",可以再看下面几个故事:

孔融被收,中外惶怖,时融儿大者九岁,小者八岁,二儿故琢钉戏,了无遽容。融谓使者曰:"冀罪止于身,二儿可得全不?"儿徐进曰:"大人岂见覆巢之下,复有完卵乎?"寻亦收至。

——《世说新语·言语》

桓宣武平蜀,以李势妹为妾,甚有宠,常著斋后。主(温尚明帝女南康长公主)始不知,既闻,与数十婢拔白刃袭之。正值李梳头,发委藉地,肤色玉曜,不为动容,徐曰:"国破家亡,无心至此,今日若能见杀,乃是本怀!"主惭而退。

——《世说新语·贤媛》

(庾)敳虽居职任,未尝以事自婴,从容博畅,寄通(恐是运字讹)而已。是时天下多故,机事屡起,有为者拔奇吐异,而祸福继之,敳常默然,故忧喜不至也。

——《世说新语·赏誉》注引《名士传》

> 王劭、王荟共诣宣武,正值收庾希家。荟不自安,逡巡欲去,劭坚坐不动,待收信还,得不定,乃出。论者以劭为优。
>
> ——《世说新语·雅量》

> 桓公伏甲设馔,广延朝士,因此欲诛谢安、王坦之。王甚遽,问谢曰:"当作何计?"谢神意不变,谓文度曰:"晋阼存亡,在此一行。"相与俱前,王之恐状转见于色,谢之宽容愈表于貌,望阶趋席,方作《洛生咏》,讽"浩浩洪流"。桓惮其旷远,乃趣解兵。王、谢旧齐名,于此始判优劣。
>
> ——《世说新语·雅量》

从这些事例看,自大官僚到妇女儿童,都在残忍的局面下有这么一种镇静处变的本领。至于特别提到那些名族才有这种风度的缘故,那只是因为他们离统治阶级的内部斗争更近些,也就更为必要些而已。

高贵和镇静,就是所谓魏晋风度的内涵。孟嘉在这一方面是够得上的。就是这种贵族阶级所具有的生活态度和习惯,也影响了陶渊明,虽然陶渊明本人还不够贵族阶级。

我们再从孟嘉和陶渊明的共同处,看孟嘉对他这位外孙的一些其他影响。陶渊明一方面有他的高贵,例如"江州刺史王弘欲识之,不能致也",但是另一方面也有他不为已甚的处世的方法,后来"渊明尝往庐山,弘命渊明故人庞通之赍酒具于半道栗里之间邀之。渊明有脚疾,使一门生二儿舁篮舆,既至欣然,便共饮酌。俄顷弘至,亦无迕也"(萧统《陶渊明传》)。他不肯得罪王弘。在颜延之写的《陶征士诔》里,还记有他劝颜延之的话:"独正者危,至方则碍。"更可见他的处世哲学了。在陶渊明的诗中有"纵浪大化中,不喜亦不惧"(《形影神·神释》)的话,其实这正是基于现实生活而锻炼出来的喜怒不形于色的镇静态度的理论化而已。

因此,高贵和镇静也体现在陶渊明的身上。

此外,关于饮酒和爱好自然,陶渊明也酷似其外祖。传中记孟嘉:

> 好酣饮,逾多不乱,至于任怀得意,融然远寄,傍若无人。(桓)温尝问君:"酒有何好,而卿嗜之?"
> 君笑而答曰:"明公但不得酒中趣尔。"又问听妓,丝不如竹,竹不如肉,答曰:"渐近自然。"

陶渊明的喝酒也正是这样,就是喝多了也还是清醒,像《饮酒》诗就正是在醉中谈许多大道理的。"任怀得意,融然远寄",就恰是陶诗中所谓:"试酌百情远,重觞忽忘天。天岂去此哉?任真无所先。"(《连雨独饮》)"渐近自然"也就正是陶诗中所谓"久在樊笼里,复得返自然"(《归园田居》五首,其一),对自然也同样有那样追求的感情。

在孟嘉这里,是比在陶侃那里,更有着清晰的陶渊明的影子。

现在要问:孟嘉的政治态度怎样呢?对于晋室如何呢?我们只指出一件事就够了,孟嘉乃是桓温一系的人物,《晋书》上的《孟嘉传》,就附在卷九十八《桓温传》中。而桓温呢,乃是列在所谓"叛逆"里头的(涵芬楼版的《晋书》,在目录上卷九十八下面即注明"叛逆"二字)。

陶渊明所赞叹崇拜的人,所受影响极大的人,乃是不但不忠于晋室,而且是和晋室作对的人,那么,陶渊明是否忠于司马氏一姓,也就不言而喻了。

附带一谈的是陶侃的孙子陶淡和孟嘉的弟弟孟陋,以及可能是陶渊明的妻子一家的翟汤等,他们的事迹都见于《晋书》卷九十四《隐逸传》,陶渊明的传也是在这一卷的。

陶淡应该是陶渊明的父辈。他是隐士,要举他作秀才了,他就逃到罗县埠山中,"终身不返,莫知所终"。这样的一个结束,令人想到《桃花源记》中的境界来,可能这也是陶渊明写《桃花源记》的素材来源之一。

孟陋是陶渊明的外祖辈。他也是隐士。他喜欢一个人去钓鱼,谁也不知道他到哪儿。丧母后,有十多年不饮酒吃肉,是一个十分孝顺的人。晋简文帝请他出来,他没出来。桓温对他也很重视。别人建议桓温约他做官。桓温说:"会稽王尚不能屈,非敢拟议也。"孟陋知道了就解释道:"桓公正当以我不往故耳。亿兆之人,无官者十居其九,岂皆高士哉!我疾病,不堪恭相王之命,非敢为高也。"他这种善于措词的态度,也很像后来陶渊明对付王弘、檀道济的办法。他是一个儒家,被人称为"学为儒宗",长于《三礼》,有《论语注》行世。可能这就是陶渊明的儒家教养的渊源。

陶渊明的妻子翟氏,是也能"安勤苦"的一位"同志"(萧统《陶渊明传》语),宋王质撰《栗里年谱》,说的就是翟汤家。翟汤一家可说是代代相传的隐士,从翟汤(公元二七二—三四四年)起,儿子翟庄,孙子翟矫,曾孙翟法赐,都是隐士。翟法赐和陶渊明同时代,也许陶妻翟氏,就是翟法赐的女儿辈。

这就是陶渊明的周围。陶渊明有那样的一生,就毫不奇怪了。

六　陶渊明所受两方面的影响

我们的结论是：陶渊明一生在亲属中关系最大的二人，一是陶侃，一是孟嘉。陶侃虽然不一定是陶渊明的曾祖，但他是陶渊明的外祖的岳父，也就是他的外祖母的父亲，乃是一个并不忠于晋室而有着篡夺晋王朝的统治地位的野心的军人。孟嘉就是陶渊明的外祖，虽然自己没想夺取政权，但却是依附于一个不忠于晋室而几乎篡夺了晋王朝的统治地位的军人——桓温。

陶渊明不但和这两人关系那样深，而且受着他们极大的影响，对于他们有着极高的崇拜，所以我们敢肯定陶渊明也不会是十分忠于晋室的人物。从前人所以得出陶渊明忠于晋室的结论，只可能说是封建统治阶级以及服务封建统治阶级的学者的幻想，其实是不合实际的。

那么，陶渊明有没有政治苦闷呢？有。但不是忠于晋室的问题，而是在他自己的乌托邦式的政治思想的幻灭，而是在他对于忽起忽灭的桓玄政权的感慨，而是在他对于刘裕政权的看不上眼，而是在他对于晋末皇帝的惨遭毒害之普通的（而不是君臣的关系上的）同情而已。司马氏、桓氏、刘氏，三个政权之间，陶渊明应该是接近桓氏的，从孟嘉的政治关系上也可以得到一点线索。

撇开对于陶渊明的政治态度的影响不谈，陶侃和孟嘉在生活态度上也都给陶渊明以某种程度上的形成的力量。陶侃所影响陶渊明的，是一种出身寒微的人所有的质朴有力的勤奋；孟嘉所影响陶渊明的，是一种士族阶级所有的高贵与镇静相结合的旷远。

因此，一方面像一个普通农民那样的肯勤俭、肯劳动，有一种刚性；一方面又像一个当时贵族所有的含蓄、有教养，表面上冲淡和平。这就是陶渊明。这两方面都是可以在陶侃和孟嘉那里找到影子的。自然，陶渊明这种性格的所以形成，也和他自己的阶级地位有关，和他受的教育有关，和他所经历的生活有关，并和当时社会上一般风气的变化有关，但关于这些方面是必须对他一生的整个经历加以探求才能说明的，也就是下文所要叙说的。

一九五二年九月十六日作

陶渊明的一生及其作品

一 引子
——陶渊明诞生的时代

在陶侃死后（公元三三四年）三十多年，在孟嘉可能还在世的时候（孟嘉死年无考，但他与桓温同时，桓温死于公元三七三年），陶渊明诞生了。

陶渊明诞生的年代是公元三六五年，晋哀帝（司马丕）兴宁三年。近代人虽然有些不同的议论，但理由都不是十分巩固的①，

---

① 梁启超主张生于公元三七二年，见其所著《陶渊明》。他的证据主要在《游斜川》诗，认为首句作"开岁倏五十"的对，序中作辛酉（公元四二一年）的对，因此而推知陶的生年。但是诗序明言"正月初五"，诗句作"开岁倏五日"是正一贯的。因此也就不见得作辛酉不作辛丑之必是。古直主张生于公元三七六年，见其所著《陶靖节年谱》，主要证据在《祭从弟敬远文》的"相及龆龀"一句话，认为龆指十二，龀指七岁，他们相差五岁；又就祭文中"年甫过立"推知敬远卒时为三十一岁，而陶为三十六岁；祭文作于公元四一一年，因推知生年。但这也是不巩固的，因为好几种宋本"相及龆龀"是作"相及龆齿"。同时梁、古二氏往往改动诗文，以成其说，这是不能令人心服的。逯钦立《陶渊明年谱稿》（《历史语言研究所集刊》第二十本上，一九四八年）说略同古直。

反之旧说倒有许多不可动摇的地方①，所以我们保留了旧说。

这时东晋偏安已经有四十八年（公元三一七年起）了，而逐渐衰微下去。此后有五十四年是在外来的压迫和内战的循环中过日子，这样晋王朝也就亡了。——这正是陶渊明的一生所占的时间的主要部分。

在陶渊明的幼年，是王、谢士族依然有着势力的时代，但已经走向没落了。大书法家王羲之死在公元三七九年，那时陶渊明十五岁。十九岁那年，有有名的淝水之战（公元三八三年）。这次大战带有决定性的意义，秦王苻坚在前一年就说："自吾承业，垂三十载，四方略定，唯东南一隅，未沾王化。今略计吾士卒，可得九十七万，吾欲自将以讨之。"（《资治通鉴》卷一百〇四）他在第二年并且给谢安等准备了房舍，打算俘虏过去，当他的吏部尚书。他是决想不到失败的。他没料到晋国靠了被俘虏过去的爱国将领朱序的透露敌情，临阵瓦解了敌人战志，以及谢安的异乎寻常的从容镇定的指挥（谢安在初闻兵警时镇定到照常下棋，到大胜时也仍然下棋，"了无喜色"），而更重要的是一般人民和士兵都有着极其热烈的盼着打一个胜仗的愿望，并在事实上也支持了这一个胜利，所以就以八万之众，终于击退了百万大军的入侵。从此，南北对立的局面稳定下来了；有时还可以北伐，收复一部分失地。就作战能力和士气论，东晋是有早日北伐成功的希望的。

---

① 六十二岁之说见于《宋书》、《晋书》、萧统《陶渊明传》。元嘉四年（公元四二七年）为卒年，故推知其生年为公元三六五年。这个说法的最大好处是符合陶渊明初仕为"是时向立年"（年二十九），到最后归来为"亭亭复一纪"（十二年），那年是公元四〇五年，年四十一。

淝水之战是晋的国威依然强大的一个证明，可是此后国力就为内战所削弱。淝水之战同时是王谢士族政权的一个回光返照，谢安死于淝水之战的后两年（公元三八五年），士族更没落了，军阀的势力代之而起。谢安死时，陶渊明二十一岁。

陶渊明的时代，就是一个士族没落，而军阀代起的时代。陶渊明自己虽然不是士族，但由于文化教养、时代风习的熏陶，他也有当时士族阶级所共同具有的生活态度、生活习惯和生活意识；士族没落了，他也就有一种没落的感觉，他老是怀想古代，这心情是可以了然的。军阀势力呢，他一方面看不上眼，也够不上资格，于是他在另一方面谋出路，这就是他躬耕的来由。他想靠自己的劳动，维持一个小天地，保留他自己的没落的情调，以及自己的思想体系。由于他对当时不满，他的作品里有着反映和批判的成分；由于他自己经过了穷困和劳动，他的作品里也有对于劳动人民的生活的体会和同情；他虽然是不得已而劳动的，但既经劳动之后，也多少变革了自己——所以他的人格和作品终于有着很大的光辉。

作为诗人的陶渊明，他的幼年和少年，恰是生长在一个艺术时代里。除了方才提到过的书法家王羲之和他同时之外，雕塑家戴逵（死于公元三九六年，时陶渊明三十二岁）、大画家顾恺之（生于公元三四三年，大陶渊明二十二岁[①]）、山水画家宗炳（生于公元三七五年，时陶渊明十一岁），也都和陶渊明同时。就文学范围内而论，虽然过江的大诗人郭璞死在陶渊明生前四十年，中

[①] 根据日本堂谷宪男：《中国美术史论》中的《顾恺之试论》一文。

间似乎空白了些，但玄言诗人孙绰、许询，咏史诗人袁宏在陶渊明幼年时都还活着，至于和陶渊明同时的年轻诗人谢灵运（公元三八五年生）、谢惠连（公元三九七年生）、颜延之（公元三八四年生）、鲍照（可能生于公元四一六年左右）等，就更多了。附带提及的，是这时还有大思想家支遁（公元三六六年卒）、鸠摩罗什（公元四〇九年卒）、慧远（公元四一六年卒），大历史家裴松之（公元三七二年生），《世说新语》的编著者刘义庆（公元四〇三年生），他们都是和陶渊明同时在文化上放着光彩的。

这就是陶渊明的时代——文化上一点也不寂寞的时代。

陶渊明的诗是那样有着艺术性，同时又带有那样多的思辨的因素，在没落的情调之中却又有着傲然独往的神气，这正说明他的诗是像他那样一个身份的人在他那一个时代的反映。

二　陶渊明的一生的总括

　　陶渊明的一生可分为三个时代：二十九岁以前是一个时代，大概是过种田和读书的生活；二十九岁到四十一岁是一个时代，他做了好几次小官吏，也时常出门，多半是由于职务；四十二岁到死，就是到六十三岁，是一个时代，这时他眼看晋室固然衰微，桓玄的政权也倏起倏灭，刘裕已慢慢握起大权，代替了桓玄，最后逼死了晋朝最后的两个皇帝，而自己又建立了新的王朝，这其间有不少的惨杀倾轧，诗人的陶渊明既看不顺眼，因而隐退起来，因而暗中牢骚多起来，并为了保持自由而再度去躬耕，于是在二十余年中，慢慢把自己的生活理想化，也理论化，遂形成了一个具有独特面目的思想的诗人，这就是他的晚年。这就是他一生。

三　早年的生活和教育经历

我们先说他第一个时代的生活。

据他的《命子》诗所说："肃矣我祖，慎终如始。直方二台，惠和千里。"就"惠和千里"看来，他的祖父做过太守。名字有二说，一说是陶岱，一说是陶茂，如果是陶茂，那就是做过武昌太守的。

《命子》诗接着说："于穆仁考，淡焉虚止。寄迹风云，置兹愠喜。"名字已经没有记载了，是否做过太守，做太守的地方是姿城还是安城也不确切，只是就这"置兹愠喜"看来，知道他这父亲也是有些魏晋人的"喜怒不形于色"的风度的。写《命子》诗时已称"仁考"，可知他父亲已经在他二十岁左右亡故了。

在他十二岁时，他的庶母死去。他在《祭程氏妹文》中说："慈妣早世，时尚孺婴，我年二六，尔才九龄。"父妾称慈母，这所谓"慈妣"一定就是庶母了。他这出嫁给程氏的妹妹，也就是他的庶母生的。

从他的祖父做过太守，父亲还娶有一妾看起来，他最初的家境大概还不算太坏。

然而无疑的是没落了，尤其在他二十岁左右的时候。他在《有会而作》一诗里说:"弱年逢家乏。"在《怨诗楚调示庞主簿邓治中》一诗里更说:"弱冠逢世阻,始室丧其偏。"因为那恰是淝水之战的前后,秦兵入寇,并加上连年大水大旱,发生饥馑的时候,他的生活也便正在忧患里度过。刚结婚,就死了妻子。后来他又续了弦。前后夫人都生了孩子,一共是五个,所以他后来写的《与子俨等疏》中有"汝等虽不同生"以及"况同父之人"的话。他的长子俨,小名阿舒,字求思的,大概就是前妻所生。在生子不久,他写了《命子》诗,其中充满着封建道德气息,是十足的士大夫的家庭教育诗,也就从而见出陶渊明本身所受的教育。这时大概二十二三岁吧,所以也是《集》中最早的作品。

他早年曾受过儒家的教育。他曾说:"少年罕人事,游好在六经。"(《饮酒》二十首,其十六)这点对他很重要,使他虽然有些旷放,而终有一种约束。那个时代是一个老庄依然盛行的时代,他的性格也是近于老庄的,实际上他的作品里也有不少的老庄思想,而这点儒家的教育对他还是有着极大的约束力的。这就是他始终崇拜孔子的原因。可是正因为是结合着老庄的时代思想的他,他又不能纯粹学孔子,再加上他自己的劳动生活的体会,于是他的理想人物乃是长沮、桀溺了,这是在他的诗文中屡屡见到的。

他早年就喜欢自然:"少无适俗韵,性本爱丘山。"(《归园田居》五首,其一)

他早年就爱琴书:"弱龄寄事外,委怀在琴书。被褐欣自得,屡空常晏如。"(《始作镇军参军经曲阿作》)他原是想过一种淳朴而单纯的生活的:"少学琴书,偶爱闲静,开卷有得,便欣然忘食,见树木交荫,时鸟变声,亦复欢然有喜。常言五六月中,北窗下

卧,遇凉风暂至,自谓是羲皇上人,意浅识罕,谓斯言可保。"(《与子俨等疏》)

除了穷困之外,他的早年也可说是快乐的,这就是他所说的"盛年欢",也就是他说的:"忆我少壮时,无乐自欣豫,猛志逸四海,骞翮思远翥。"(《杂诗》十二首,其五)他的壮志的梦想又形象化在另一首诗里:"少时壮且厉,抚剑独行游。谁言行游近?张掖至幽州。饥食首阳薇,渴饮易水流。"(《拟古》九首,其八)

这就是他的早年:家道中落了,自己也受过一些穷困,政局也有些动荡,然而究竟处在单纯的田园环境中,爱爱琴书,欣赏欣赏自然,在儒家思想的约束之中,偶而有些不切实际的所谓"壮志",大体是快乐的。

四　十二年的矛盾生活的开始

二十九岁开始了他的第二期生活。这一期生活虽然只有十二年，但却是他经验最丰富的十二年，对他后期思想的形成上应该有着决定意义的十二年。"忆我少壮时，无乐自欣豫"的那种快乐，"少时壮且厉……张掖至幽州"的那种豪气，也就在这十二年中消磨掉了，奔波劳碌，蒿目时艰，让他变成另一个人了。

二十九岁这一年，他离开了他的田园，做了小官。原因呢，是由于穷困，耕种不能维持生活。这是由他诗里看出来的：

　　畴昔苦长饥，投耒去学仕。
　　将养不得节，冻馁固缠己。
　　是时向立年，志意多所耻。
　　　　　　——《饮酒》二十首，其十九

三十岁左右是他生活上的一个分水岭，这也是在他的其他诗中所常见的：

　　闲居三十载，遂与尘事冥。

诗书敦宿好,林园无世情。
如何舍此去,遥遥至西荆。
叩栧新秋月,临流别友生。
凉风起将夕,夜景湛虚明。
昭昭天宇阔,皛皛川上平。
怀役不遑寐,中宵尚孤征。
商歌非吾事,依依在耦耕。
投冠旋旧墟,不为好爵萦。
养真衡茅下,庶以善自名。
——《辛丑岁七月赴假还江陵夜行涂口》

少无适俗韵,性本爱丘山。
误落尘网中,一去三十年[①]。
羁鸟恋旧林,池鱼思故渊。
开荒南野际,守拙归园田。
方宅十余亩,草屋八九间。
榆柳荫后檐,桃李罗堂前。
暧暧远人村,依依墟里烟。
狗吠深巷中,鸡鸣桑树颠。
户庭无尘杂,虚室有余闲。

[①] 何孟春本引刘履说"三当作逾,或在十字下",陶澍又说"三当作已",那就是这句话有这样几个可能:一去三十年;一去逾十年;一去十三年;一去已十年。但他们都没注意"一去三十年"是陶渊明所常说的,正如上引"闲居三十载"见《还江陵》诗。且宋曾集本校各本异同最富,但此句下并无异文。故作"一去三十年"为是。

久在樊笼里，复得返自然。

——《归园田居》五首，其一

这都可以和"投耒去学仕"的时间是"是时向立年"相印证。这个时间算不算早呢？就那时一般的情形论，是不算早而算很迟的。《世说新语·赏誉》"王汝南既除所生服"条，记王湛年二十八始宦，这就是说他晚宦的意思。陶渊明却在二十九岁始投耒学仕，那就更迟了。这说明他的出仕一方面是少凭借，同时是勉强的。

果然在《饮酒》诗"是时向立年，志意多所耻"下面就接着说，"遂尽介然分，拂衣归田里"，正是刚一出仕，又觉得不对劲儿，便退回来了。这一年是太元十八年癸巳（公元三九三年），这时谢安已经死了八年，谢玄死了五年，谢氏的实力已经不复存在，谢玄所培植的北府兵力，就是打败过苻坚的，已渐渐由谢玄的部下刘牢之所掌握，同时桓玄的力量也已经起来。晋室这时是更加腐朽了，晋孝武帝（司马昌明）本来还有些作为，后来溺于酒色，执政的琅琊王道子也是酒鬼，他们又崇尚佛教，奢侈浪费，范宁在这时就曾说："今并兼之家，亦多不赡。"可见连大土豪、大地主都穷了，老百姓更不用说。这就是那时候的情形。陶渊明的穷困，大概也就是那个整个民生凋敝的情况的一部分。他这时因穷而仕，却又因不高兴而退了的官职是江州祭酒。

他最初的出仕，可能是向人恳求过。（他后来当彭泽令时，在未到手前不是曾"求之靡途"么？）由那种"畴昔苦长饥"的情况以及仕宦之迟，也可想象得到。因此，我们有理由说《乞食》一诗可能就是写这种事：

> 饥来驱我去，不知竟何之！
> 行行至斯里，叩门拙言辞。
> 主人解余意，遗赠岂虚来？
> 谈谐终日夕，觞至辄倾杯。
> 情欣新知欢，言咏遂赋诗。
> 感子漂母惠，愧我非韩才。
> 衔戢知何谢，冥报以相贻。

倘若认为是真的去讨饭，那就太可笑了。

江州祭酒既没做了多少时候，就"拂衣归田里"，又不知道隔了一二年还是当年，州里又请他当主簿，但他却辞却了。像这种游移于进退之间，轮替在耕种和仕宦之中的生活，也便是他十二年中矛盾生活的一贯的情形。

现在陶集中最早的作品，除了《命子》诗之外，我们觉得也许就是《和郭主簿》了。这诗一共有二首，其一说：

> 蔼蔼堂前林，中夏贮清阴。
> 凯风因时来，回飙开我襟。
> 息交逝闲卧，坐起弄书琴。
> 园蔬有余滋，旧谷犹储今。
> 营己良有极，过足非所钦。
> 舂秫作美酒，酒熟吾自斟。

> 弱子戏我侧,学语未成音。
> 此事真复乐,聊用忘华簪。
> 遥遥望白云,怀古一何深!

我们从《责子》诗中的"阿舒已二八"推测大概那首诗作于三十六七岁以后,其中的幼子阿通九岁(一本作六),现在这首诗说"学语未成音"则是两三岁的光景,亦即《责子》诗前六七年(或三四年)作,那就是在三十岁(或三十三四岁)时作。假若不是指他的最幼子,那这诗的年代,就可更早。(如果指他的长子,那就可能在二十三四岁作)。"聊用忘华簪",是很像他初辞祭酒主簿时的心情的。

五　矛盾的继续

二十九岁以后，又在家里过了多久的田园生活，我们也知道得不确切。至少在他三十六岁那年以前，即晋安帝（司马德宗）隆安四年庚子（公元四〇〇年）以前，他又出来做官了，是做了镇军参军。这一次的参军大概就是当刘牢之的参军，这是从《始作镇军参军经曲阿作》一诗的诗题中的"经曲阿"，和《庚子岁五月中从都还阻风于规林》一诗的诗题中的"从都还"，推测而知的。曲阿是丹阳，正是北府军所在的京口附近，刘牢之这时正镇京口。刘牢之另外的参军还有刘袭、张畅之和刘裕等。最可注意的，是刘裕这时和陶渊明同事，因此陶渊明必对刘裕知其为人，后来刘裕得势后不愿出仕，这恐怕也是原因之一了。陶渊明这时的心情是怎样呢？一出仕，就又矛盾了，马上想抽身。《始作镇军参军经曲阿作》一诗就是说明：

弱龄寄事外，委怀在琴书。
被褐欣自得，屡空常晏如。
时来苟冥会，婉娈憩通衢。
投策命晨装，暂与园田疏。

眇眇孤舟逝，绵绵归思纡。
我行岂不遥，登陟千里余。
目倦川涂异，心念山泽居。
望云惭高鸟，临水愧游鱼。
真想初在襟，谁谓形迹拘？
聊且凭化迁，终返班生庐！

他原来仍然眷念他的田园，所以说："暂与园田疏。"一种拘束和倒霉的感觉，显著地流露在他的字里行间。从诗中的口气看，确乎是初次远行的光景。他那"望云惭高鸟，临水愧游鱼"的想法，以及"聊且凭化迁，终返班生庐"的打算，就恰是后来《归去来兮辞》中的主题。这像一个主要的旋律一样，是时刻回荡在他的内心生活中的。

《始作镇军参军经曲阿作》一诗因为诗题中没有年代，而刘裕曾在元兴三年甲辰（公元四〇四年）有镇军将军的称号，东晋自郗愔后到这时又没有别人也有此称号的记载，所以很容易推定此诗为元兴三年，即陶渊明四十岁时作。但我们不那样想，这倒不是因为陶渊明"岂从裕辟者"，而是因为：陶渊明在四十一岁时有《乙巳岁三月为建威参军使都经钱溪》诗，其中有"我不践斯境，岁月好已积"的话，那就应该是好久没有走这条路的了，否则如果前一年即经曲阿，即在建康附近，而那一年陶渊明又家居除丧不久，不会不是由家—浔阳—至京，经过钱溪的，那就不能说"岁月好已积"了。"镇军"可能有别的解释，也许是如陶澍所说就是刘牢之所任的前将军正镇卫军的省文，或是镇北将军的意思，也可能是有错字，更可能刘牢之实曾称过镇军，不过历史失载罢了。在史料不足时，我们还不能把这诗推后，作为他曾给刘裕当过参军的证据。但不管怎样，确切的是他在三十六岁那年是很急切地盼着回家了：

其一
行行循归路，计日望旧居。
一欣侍温颜，再喜见友于。
鼓棹路崎曲，指景限西隅。
江山岂不险，归子念前途。
凯风负我心，戢枻守穷湖。
高莽眇无界，夏木独森疏。
谁言客舟远，近瞻百里余。
延目识南岭，空叹将焉如？

其二
自古叹行役，我今始知之。
山川一何旷，巽坎难与期。
崩浪聒天响，长风无息时。
久游恋所生，如何淹在兹？
静念园林好，人间良可辞！
当年讵有几？纵心复何疑？

——《庚子岁五月中从都还阻风于规林》二首

他挂念的是母亲（温颜，所生），挂念的是兄弟（友于），是园林，是旧居，是他熟悉的庐山（南岭）；他计算着要到家的时间，他留心着还有多少路程，就是快到了，他也还急切地有着可望不可即的焦灼之感；他一定接触过不少不满意的事情，也一定受过不少的委屈——这和他爱好自由的性格是十分枘凿的，所以他感到"人间良可辞""纵心复何疑"了。因为他这时正三十六岁，也就是壮年，所以有"当年讵有几"的话。

他急于回到园林，急于获得自由，这是确切的。但他这次究竟担任了什么职务，经过了多少时间，仍是难捉摸的。但从"久游恋所生"看起来，却似乎时间相当长。也许从他二十九岁初仕回家以后，就在家里没住多少时候吧。

这一年前后的情势，需要在这里说明一下。在陶渊明回家的前一年，即隆安三年己亥（公元三九九年），也就是陶渊明三十五岁的时候，那年十月天师道徒孙恩开始在浙江一带起义，爆发点是由于一些被解放了的奴隶又被征兵[1]，而基本原因当是由于老百姓受不了当时朝廷的剥削和压迫。这一次起义的规模是大的，只有十几天的工夫，就有数十万人响应，不久就攻占了八郡。贪官污吏，很杀了些。眼看就要进攻京师了，建康一带都戒了严。后来刘牢之出来镇压，才把孙恩打败，这次刘牢之部下特别出力的便是刘裕。这也就是刘裕初露头角的时候。孙恩败退了，暂时率领二十多万人，逃到海上。刘牢之所带的官兵，却大肆掳掠，

---

[1] 《资治通鉴》卷一百十一："会稽世子元显，性苛刻，生杀任意；发东土诸郡免奴为客者，号曰乐属，移置京师，以充兵役。东土嚣然苦之。孙恩因民心骚动，自海岛率其党，杀上虞令，遂攻会稽。"

就是在统治阶级的历史书上也记道:"牢之等纵军士暴掠,士民失望,郡县城中无复人迹,月余,乃稍有还者。"[①] 东南一带的人民是遭了浩劫的。陶渊明如果参加了刘牢之的军府,他可能也是随着这一次行军的。他的《饮酒》诗第十首:

> 在昔曾远游,直至东海隅。
> 道路迥且长,风波阻中涂。
> 此行谁使然?似为饥所驱。
> 倾身营一饱,少许便有余。
> 恐此非名计,息驾归闲居。

可能就是指的这一役。孙恩正是和官军战于"东海隅"。陶渊明是一个有良心的诗人,他不会赞成刘牢之、刘裕等的行为,他也不会不感到和老百姓所拥护的孙恩作战是心中不安的,所以他只好自己安慰自己说是"似为饥所驱",然而他已经有了"息驾归闲居"的打算。这样我们就可更加明了他在次年归家时那样喜悦的心情的缘故了。

孙恩的战事在东南,在江浙一带,这是一方面。再就长江上游的情形。差不多和孙恩起兵的同时,桓玄把晋朝用为牵制的杨佺期、殷仲堪消灭了,统一了荆州一带的兵力,占据着江陵。他也跃跃欲试,想率兵东下。

---

① 《资治通鉴》,卷一百十一。

六　桓玄政变时期的陶渊明

陶渊明既不满意于刘牢之、刘裕等，大概在三十六岁那年的五月回家以后，还是由于不能靠田园自给的吧，于是转而寄希望于桓玄。他崇拜的外祖孟嘉既曾给桓温做过长史，当时一般名流如顾恺之等又都是为桓温、桓玄所接待的，他选择于荒淫微弱的晋室、跋扈粗鲁的刘牢之、刘裕和有着新气象并爱戴文士的桓玄之间，而终于倾向桓玄，这是十分合情合理的。

他大概去了桓玄所建立的新政治中心——江陵。他什么时候去的？大概在他三十六岁那年的冬天到三十七岁那年的春天之间。去过以后，却也未必满意，于是曾经请假回家。在他三十七岁那年的七月，就有他销假[①]还江陵的一诗，我们在此重读一下罢：

> 闲居三十载，遂与尘事冥。
> 诗书敦宿好，林园无世情。
> 如何舍此去，遥遥至西荆。
> 叩栧新秋月，临流别友生。

[①] 朱自清《陶渊明年谱中之问题》释《世说新语》"陆机赴假还洛"，说："赴假当即今销假意。"《清华学报》九卷三期，页五九八。

> 凉风起将夕，夜景湛虚明。
> 昭昭天宇阔，皛皛川上平。
> 怀役不遑寐，中宵尚孤征。
> 商歌非吾事，依依在耦耕。
> 投冠旋旧墟，不为好爵萦。
> 养真衡茅下，庶以善自名。
> ——《辛丑岁七月赴假还江陵夜行涂口》

辛丑是指晋隆安五年，公元四〇一年，正是陶渊明三十七岁。由他的销假，推知他请假，并推知他曾仕于桓玄。叶梦得就有这样的推断："荆州刺史自隆安三年桓玄袭杀殷仲堪，即代其任，至于篡，未授别人，渊明之行在五年，岂尝仕于玄耶？"[①] 我们认为这个推断是对的。

这一年，孙恩经过几次的屡退屡进，在六月曾经又逼近建康，几乎占了京城，结果仍是被刘裕打退了。桓玄就利用机会，曾借口也要东下讨孙恩，孙恩败了，他才没有发动。那正是陶渊明请假在家的时候。从《辛丑岁七月赴假还江陵夜行涂口》的诗看，和以前相似，他同样有矛盾的心情。他想到林园，他想到诗书，并想到还是种田好。他不愿意像宁戚那样向齐桓公求仕，他自己问自己："如何舍此去，遥遥至西荆。"其中隐然有"似为饥所驱"的答案在。诗人的陶渊明，对当时的局面是有些迷惑的，他有所希望，但也有所怀疑，于是他矛盾了。他虽然还江陵，可是又拿定

---

① 见宋吴仁杰编《年谱》辛丑年引。

主意,"投冠旋旧墟",要退了。

在他还江陵的这一年,桓玄的势力是更大了,他自认为已经有了晋国的三分之二。晋国的当局也就计划声讨,最初想派刘牢之去,但刘牢之吓得没敢去。

第二年,即元兴元年壬寅,公元四○二年。正月里,晋室正式讨玄,桓玄也就开始军事行动。到这一年的三月,桓玄胜利地打到建康。刘牢之先是投降了,但后来又想反对桓玄,终又疑惑谋泄,因而自杀。这时桓玄改元大亨,掌握了大权。刘牢之北府的旧将很多被桓玄杀掉了,刘裕却受了桓玄的任命为抚军中兵参军。孙恩在这一年战败,投海而死,他的余部由他的妹夫卢循继续率领着战斗。由于战争的关系,东南一带,特别穷困,"三吴大饥,户口减半,会稽减什三四,临海、永嘉殆尽,富室皆衣罗纨,怀金玉,闭门相守饿死"[①]。老百姓的痛苦,就更可想了。

陶渊明自去年还江陵后,不知道在江陵停留了多久,但不会超过两年。因为他是在三十七岁那年回去的,而三十九岁那年的正月就有《癸卯岁始春怀古田舍》诗,看口气,已是又回到浔阳故居了。他在江陵的期间,母亲亡故了。这是由《祭程氏妹文》中所谓"昔在江陵,重罹天罚"推知的。他的庶母死在他十二岁,他的父亲死在他作《命子》诗的时候,这一次指的应该是他的生母孟嘉的女儿。

再从《祭程氏妹文》"兄弟索居,乖隔楚越,伊我与尔,百哀是切,黯黯高云,萧萧冬月"看,可知他的兄弟仍在浔阳,而母

---

① 《资治通鉴》,卷一百十二。

亲是死在冬天的。很可能他是在母亲死后，即赶回浔阳的。照中国古人三年守丧的习惯，他既在乙巳岁三月为建威参军，乙巳是公元四〇五年，他的母亲应死在公元四〇二年以前，所以，应该就是公元四〇一年，因为这一年他才在江陵。这样看来，他可能在三十七岁那年七月还江陵后，即于当年冬天回浔阳了。这也就是说，他没来得及随着桓玄在次年三月东下。桓玄的一幕政变的正式揭开，陶渊明是在居丧中。

桓玄在元兴二年（大亨二年）癸卯（公元四〇三年）十一月接受晋国的"禅让"，十二月即皇帝位，国号楚，改元永始。晋安帝改称为平固王，被迁在浔阳。陶渊明这时居丧，过他的田园生活。这一年的正月有《癸卯岁始春怀古田舍》诗二首：

其一

在昔闻南亩，当年竟未践。
屡空既有人，春兴岂自免？
夙晨装吾驾，启涂情已缅。
鸟弄欢新节，泠风送余善。
寒竹被荒蹊，地为罕人远。
是以植杖翁，悠然不复返。
即理愧通识，所保讵乃浅？

其二

先师有遗训，忧道不忧贫。

> 瞻望邈难逮，转欲志长勤。
> 秉耒欢时务，解颜劝农人。
> 平畴交远风，良苗亦怀新。
> 虽未量岁功，即事多所欣。
> 耕种有时息，行者无问津。
> 日入相与归，壶浆劳近邻。
> 长吟掩柴门，聊为陇亩民。

这时是他经过了一些风波，体味了一些忧患以后所写的诗了。他想想自己所受的儒家的教育，比照比照自己的遭遇，得出了这样的结论：只有像长沮、桀溺那样耦耕，才是自己心安理得的出路。他看到那些纷扰不定，觉悟出"耕种有时息，行者无问津"；他厌倦那种为饥所驱的仕宦生活，他也怕战乱，能耕耕地已经不错了，"聊为陇亩民"吧。

他为自己的生活已找到理论的根据，于是就想把那种思想传播出去。他另作有《劝农》一诗，大概就是这里所谓"解颜劝农人"的实践：

其一

> 悠悠上古，厥初生民。
> 傲然自足，抱朴含真。
> 智巧既萌，资待靡因。
> 谁其赡之，实赖哲人。

其二

哲人伊何？时为后稷。
赡之伊何？实曰播植。
舜既躬耕，禹亦稼穑。
远若周典，八政始食。

其三

熙熙令德，猗猗原陆。
卉木繁荣，和风清穆。
纷纷士女，趋时竞逐。
桑妇宵兴，农夫野宿。

其四

气节易过，和泽难久。
冀缺携俪，沮溺结耦。
相彼贤达，犹勤垄亩。
矧兹众庶，曳裾拱手？

其五

民生在勤，勤则不匮。
宴安自逸，岁暮奚冀？
儋石不储，饥寒交至。
顾尔[①]俦列，能不怀愧？

---

① "尔"又作"余"，就陶渊明在此诗中所表现的身份论，应该是"尔"字。

其六

> 孔耽道德，樊须是鄙。
> 董乐琴书，田园不履。
> 若能超然，投迹高轨。
> 敢不敛衽，敬赞德美？

在这里有他自己的生活的经验，例如"儋石不储，饥寒交至"就是；有他自己的理想的归趋，所谓"沮溺结耦"就是；但也有他不得已而求其次的感觉，因而还是把孔子、董仲舒放在第一位——这也正说明他自己的教养和身份。所以他虽躬耕，但这时是和农民有着距离的。这距离在日后才逐渐缩短。

同年十二月，他作有《癸卯岁十二月中作与从弟敬远》一诗：

> 寝迹衡门下，邈与世相绝。
> 顾盼莫谁知，荆扉昼常闭。
> 凄凄岁暮风，翳翳经日雪。
> 倾耳无希声，在目皓已洁。
> 劲气侵襟袖，箪瓢谢屡设。
> 萧索空宇中，了无一可悦。
> 历览千载书，时时见遗烈。
> 高操非所攀，深得固穷节。
> 平津苟不由，栖迟讵为拙？
> 寄意一言外，兹契谁能别？

诗里说明他本不想学公孙弘那样做大官,就不如隐退了吧。同时这一年桓玄又玩过制造隐士的把戏:桓玄给皇甫希之钱,让他隐在山林里,又再征为著作郎,却请他不要就,然后再下诏称为"高士"。当时人也看穿了,就叫做"充隐"。陶渊明所谓"高操非所攀",也可能就是讽刺这类事情的。①

从陶渊明在八年后所写的《祭从弟敬远文》看,敬远死时"年甫过立",那就是三十一二岁光景,这时却不过二十三四岁。他是一个纯粹的道家,"遥遥帝乡,爰感奇心……晨采上药,夕闲素琴",和陶渊明兼有儒家教养的自不同。那祭文中又说:"念彼昔日,同房之欢。冬无缊葛,夏渴瓢箪。相将以道,相开以颜。岂不多乏,忽忘饥寒。余尝学仕,缠绵人事,流浪无成,惧负素志。敛策归来,尔知我意,常愿携手,寘彼众议。每忆有秋,我将其刈,与汝偕行,舫舟同济。"可知他俩正是这时躬耕的良伴,以往又曾一块受过饥寒。他俩是同祖父的,母亲又是姊妹,"父则同生,母则从母",是堂兄弟,又是表兄弟。陶渊明在《庚子岁五月中从都还阻风于规林》(二首,其一)一诗中所谓"一欣侍温颜,再喜见友于","友于"应该主要就是指这位敬远了。

陶渊明在三十九岁这一年,就是在"寝迹衡门下,邈与世相绝"中度过的。《饮酒》诗的一部分即作于此时。明显的是第十六首:

---

① 丁福保《陶渊明诗笺注》,卷三,引程穆衡《陶诗程传》:"是年盖有以高士充隐,给其资用,使居山林,下诏旌体者,故始以高操非所攀,未以兹契谁能别为言,诚耻之,诚慎之也。"

> 少年罕人事，游好在六经。
> 行行向不惑，淹留遂无成。
> 竟抱固穷节，饥寒饱所更。
> 敝庐交悲风，荒草没前庭。
> 披褐守长夜，晨鸡不肯鸣。
> 孟公不在兹，终以翳吾情。

孟公是汉时陈遵，饮酒时常是宾客满堂，喝个痛快的。陶渊明的饮酒却是寂寞的，孤独的，正如《癸卯岁十二月中作与从弟敬远》诗中所说："萧索空宇中，了无一可悦。"所以说："孟公不在兹，终以翳吾情。"

陶渊明的《责子》诗也大概作于这一时期。那诗的原文是：

> 白发被两鬓，肌肤不复实。
> 虽有五男儿，总不好纸笔。
> 阿舒已二八，懒惰故无匹。
> 阿宣行志学，而不爱文术。
> 雍端年十三，不识六与七。
> 通子垂九龄，但觅梨与栗。
> 天运苟如此，且进杯中物！

大孩子十六岁，以中国人过去的习惯二十岁左右结婚论，当是在陶渊明三十六七岁以后了。他的身体是那样早就衰老着："白发被两鬓，肌肤不复实。"他的心情又是那样荒凉："天运苟如此，且进杯中物!"而写这样的充满着慈父之爱的诗的时候,又必是被顽皮的孩子们围绕着的家居期间,那么,只有在这居丧时期了。至于居丧期间是不是可以饮酒,我们想陶渊明大概是不在乎的,因为《饮酒》诗大部分还不是写在居丧期间么?只要"余闲居寡欢,兼比夜已长",大概是无不痛饮的了。

陶渊明居丧的第四年,四十岁了。这时是桓玄到了建康的第三年,也是桓玄建国后的第二年,依照桓玄的纪年,应该是永始二年,亦即晋安帝元兴三年甲辰(公元四〇四年)。这一年二月刘裕起兵讨玄,三月就占了建康。桓玄退到浔阳,四月把晋安帝带到江陵,又建都于江陵。五月,桓玄战败被杀。但此后桓玄的侄子桓振又占据江陵,第二年春天才完全崩溃。浔阳也有好几度的争夺。晋安帝也是在第二年才又回到建康的。桓氏余党,一直到六年(公元四一一年)以后,才完全消灭。

虽然桓玄的建国只有两年(公元四〇三到四〇四年),他之掌握全国政权也只有三年(公元四〇二到四〇四年),但已足以说明晋室的虽存若亡了。所以后来晋恭帝又被"禅位"给刘裕时,便说:"桓玄之时,天命已改,重为刘公所延,将二十载。今日之事,本所甘心。"①

这样一个使晋恭帝感到"天命已改"的人物是一个什么样的人呢?我们对于桓玄不能不简单介绍几句。桓玄是桓温的孽子。他很想继承桓温的事业。桓温曾经平蜀(公元三四七年),曾经与苻秦战于蓝田而获大胜(公元三五四年)。"灭胡取蜀"本是当时

---

① 《宋书》,卷二,《武帝本纪》中。

的两大问题,那个推荐桓温的人庾翼就曾"以灭胡取蜀为己任"①,现在桓温已经解决其一,而另一问题也算表演了一手,让长安附近的老百姓都争着来劳军,年老的人甚而有哭泣的,说:"不图今日复睹官军。"② 这都是极大的功劳。桓温又曾多次提议迁都洛阳,这也是很有眼光和气魄的,如果实行了,偏安的局面或者可以早日打开。桓温在当时的势力是大的,已掌握了全国实权,如果不因为伐燕失败(公元三六九年),他就可以请晋国"禅让"给自己的。当时的人才几乎全集中在桓温之手,只是有些人不同他合作,文人尤其反对他迁都洛阳的意见,以为冒险,例如孙绰就说他"舍百胜之长理,举天下而一掷"。加之他自己又是那样典型的个人英雄主义的人物,曾说:"男子不能流芳百世,亦当遗臭万年。"所以也就不可能有更大的成就。然而就是这样,已经够桓玄羡慕的了。桓温死于公元三七三年,时桓玄五岁,陶渊明九岁。桓玄是有才干的。因为怕他,晋室不敢给他什么事做。他开始有势力的时候,是二十三岁,代殷仲堪而占有江陵的时候是三十一岁。他入京的时候年二十四,失败而死时才三十六岁。就他的豪气论,他有些像项羽。但他又有些书呆子气,又像王莽。他爱艺术,能写作,也擅长清谈。他到了京师的时候,曾想北伐,便先做了一些小船,要把字画运走,别人问他,他说:"兵凶战危,脱有意外,当使轻而易运。"③ 他曾骗取过顾恺之的画,顾恺之把一橱画寄存

---

① 《资治通鉴》,卷九十七。

② 《资治通鉴》,卷九十九。

③ 《资治通鉴》,卷一百十三。

在他那里,他从橱后取走,而橱前原封未动,却告诉顾恺之说画已登仙,逢巧顾恺之也是一个画痴,竟信以为真。[①]别人有好字画,他常用赌博的手段赢过来。他失败后,由浔阳败退江陵,在路上就忙着写《起居注》,写成了,就忙着"宣示远近",连商量军事也丢下。在这些方面看,他是一个可笑的人物。然而同时也看出他是如何与文人接近的人物。事实上,当时一般文人也多半集中在桓温、桓玄父子底下,例如孟嘉、袁宏、伏滔、罗含、顾恺之等都是。桓温死后,顾恺之曾去哭墓,有诗道:"山崩溟海竭,鱼鸟将何依?"别人问他哭的样子,他说:"声如震雷破山,泪如倾河注海。"可见桓温是这样获得了这位大艺术家的友情。桓温和桓玄又都是所谓叛逆的人物,立国既短,就不免在历史书中保留一些他的胜利的政敌的诬蔑,然而桓温主张迁洛的远见,桓玄对艺术的爱好,他们对文人的爱重,都还是看得出的。因此,陶渊明如果选择于司马、桓、刘之间,而倾向桓氏,是一点也不奇怪的了。

桓玄的失败,陶渊明是一定会很惋惜的。他的《拟古》诗最后一首,这样说:

> 种桑长江边,三年望当采。
> 枝条始欲茂,忽值山河改。
> 柯叶自摧折,根株浮沧海。
> 春蚕既无食,寒衣欲谁待?

[①] 《晋书》,卷九十二,《文苑传》。

> 本不植高原,今日复何悔!

此中有"忽值山河改"一语,可知必为政治诗无疑。它的意义有很多可能,或指孙恩,或指收复失地,或指桓玄。黄文焕则说是指恭帝。我们却认为惋惜桓玄的可能为最大。"种桑长江边"是说桓玄的政权建自江陵,"三年望当采"正是指桓玄从入京到失败之年,"忽值山河改"是指刘裕把桓玄消灭了。"本不植高原"是说桓玄的建国太鲁莽,不够稳固。总之,这是指一个倏起倏灭的政权,本来还给人们带来一些希望的,但基础不稳,两三年失败了,于是人们像靠桑叶吃食的蚕一样,桑树完了,蚕也有绝粮之虞了。这只有桓玄的政权是符合的。

桓玄失败的这一年,陶渊明年四十。人在四十岁的时候,大概是容易反省过去、思索未来的吧。因为,这时的社会经验也丰富了,已得到一些便于作出结论的材料;况且"人生七十古来稀",到了四十岁,也就是走了一多半,因而在情感上也就容易触动瞻前顾后的念头;加上古人"四十而不惑",在熟读古书的人无异于先有一个这是临于思想成熟的阶段的暗示;假如就陶渊明论,他这时又是饱经世变和风波的,住的地方浔阳更是此出彼入的争夺之地,当然就更容易有所感发了。《荣木》,就是这样的理智的反省的诗:

> (序)荣木,念将老也。日月推迁,已复有夏,总角闻道,白首无成。
>
> 采采荣木,结根于兹。

晨耀其华，夕已丧之。
人生若寄，憔悴有时。
静言孔念，中心怅而。
采采荣木，于兹托根。
繁华朝起，慨暮不存。
贞脆由人，祸福无门。
匪道曷依，匪善奚敦？
嗟予小子，禀兹固陋。
徂年既流，业不增旧。
志彼不舍，安此日富。
我之怀矣，怛焉内疚。
先师遗训，余岂云坠？
四十无闻，斯不足畏。
脂我名车，策我名骥。
千里虽遥，孰敢不至？

从这首诗看出他早年所受的儒家思想之深，以及他这时依然有努力的决心。"贞脆由人，祸福无门"，却就是时代的感触了。桓玄被杀于五月，他的诗作于"已复有夏"，其中有这个时代中政权的变换的深刻印象在！

还有《连雨独饮》一诗，也应该作于这时：

运生会归尽，终古谓之然。
世间有松乔，于今定何间？

故老赠余酒，乃言饮得仙。
试酌百情远，重觞忽忘天。
天岂去此哉？任真无所先。
云鹤有奇翼，八表须臾还。
自我抱兹独，俛俛四十年。
形骸久已化，心在复何言？

　　这首诗中的"运生会归尽"，也就是《荣木》篇中的"人生若寄，憔悴有时"的同样感觉。《连雨独饮》的诗题也和《饮酒》诗序中所说"顾影独尽，忽焉复醉"有些相似，这就转证《饮酒》诗的一部分正作于同时。像《饮酒》诗二十首的第一首："衰荣无定在，彼此更共之。"那主题是尤其相近了。

七　最后的摇摆
——《归去来兮辞》的创作动机的分析

陶渊明动荡于仕与隐之间,这个振幅的摆动最后是停止在四十一岁了。但在摆动停止之前,不知道是这一年的春天还是前一年的冬天,他又当过建威将军刘敬宣的参军。刘敬宣是刘牢之的儿子,在前一年三月为江州刺史,镇浔阳。陶渊明大概因为就在本乡本土,兼以和北府的旧将也许有些交情(如果他庚子年——三十六岁——在都或经都就是参与北府的话),而又出仕了。四十一岁这一年(义熙元年乙巳,公元四〇五年)的三月,他有《乙巳岁三月为建威参军使都经钱溪》诗:

> 我不践斯境,岁月好已积。
> 晨夕看山川,事事悉如昔。
> 微雨洗高林,清飙矫云翮。
> 眷彼品物存,义风都未隔。
> 伊余何为者?勉励从兹役。
> 一形似有制,素襟不可易。

田园日梦想,安得久离析?
终怀在壑舟,谅哉宜霜柏。

　　钱溪即安徽长江南岸贵池区东北的梅根港,是由浔阳至建康必经之路。这个地方差不多占全路程的中点。他已经很多年没到这地方了,所以说"我不践斯境,岁月好已积",可证明他不曾在上一年给刘裕当过镇军参军。也许自他三十六岁五月从建康回来后到现在四十一岁,六年间就没再经过长江下游。由于经过了桓玄一役的战争,人事上的变化可说是大极了,于是就反而显出自然景物和一般老百姓照常操作的似乎永恒来:"晨夕看山川,事事悉如昔……眷彼品物存,义风都未隔"。他自己呢,动荡于仕与耕之间,已十二年了,中间有那样多的奔波:几度使都,还家,东海隅,江陵。他倦了,也看透了,他的退下来的决心于是大起来,他对田园的留恋也强起来,这就是他发出"一似形有制,素襟不可易。田园日梦想,安得久离析?"的呼声的缘故。可知此行是勉强又勉强的,离他真正退休的时候是更近了。就在使都的三月,刘敬宣因为和刘裕部下的将领刘毅不合,辞了江州刺史的职。有人说陶渊明这一次使都就是为了呈送刘敬宣的辞表的,[①] 我们认为这是合理的推测。跟着刘敬宣辞职,大概陶渊明也就退休了。

　　《乙巳岁三月为建威参军使都经钱溪》一诗是写他重到建康时途中的所见所感,到了建康就有《还旧居》一诗:

---

① 　古直:《陶靖节年谱》,页十九。

> 畴昔家上京，六载去还归。
> 今日始复来，恻怆多所悲。
> 阡陌不移旧，邑屋或时非。
> 履历周故居，邻老罕复遗。
> 步步寻往迹，有处特依依。
> 流幻百年中，寒暑日相推。
> 常恐大化尽，气力不及衰。
> 废置且莫念，一觞聊可挥。

有许多人认为"上京"不是建康而是浔阳附近的一个地名。[1] 但我们认为这个"上京"，正是当时的京都建康，理由是：第一，集中另一处说"上京"确指建康，即《答庞参军》诗中所说"大藩有命，作使上京"，不会同一"上京"而指二地。第二，就陶渊明所去过的地方论，除了建康以外，是再没有适合"六载去还归"的条件的。"六"又作"十"，但"十年去还归"的地方就更没有了。或者有人认为"六载去还归"是指六年中常来常往的意思，那样是可以把"上京"解作浔阳附近的，但下文明明说"今日始复来"，绝不像六年中常往常来的地方，诗意乃是说六年前离开六年后又归来。第三，就诗中"阡陌不移旧，邑屋或时非"看，乃是前所未经的情况，这绝不是浔阳，因为大乱时，陶渊明在家守丧，对浔阳的乱况是熟悉的。第四，这首诗也不会是早年还浔阳时作，因为其中有"常恐大化尽，气力不及衰"的话，一定是靠后些才合适。

---

[1] 朱熹、李公焕、吴师道均主"上京"在栗里，王质、吴仁杰谓"上京"指京师。

第五，这首诗是在编年诗的一系列中，恰在《乙巳岁三月为建威参军使都经钱溪》一首之后，相传的本子必定依时间先后。例如《始作镇军参军经曲阿作》一诗在《庚子岁五月中从都还阻风于规林》一诗之前，已证明那诗中的事实也确在庚子岁之前了。反复地考虑，这首诗就是这一年使都时的所见。建康在大乱之后，残破特甚，所以"恻怆多所悲"、"邻老罕复遗"的情况，也是符合于历史上所记前一年（公元四〇四年）时"是岁，晋民避乱，襁负之淮北者道路相属"[①]的。至于一般人所以怀疑"上京"不是京都，那只是因为觉得陶渊明不见得曾经居京，而且《庚子岁五月中从都还阻风于规林》（二首，其一）一诗又说"一欣侍温颜"，以为见老母既仍在浔阳，于是推断陶渊明便未必在京安家了。其实陶渊明常常不带家眷去做官的，萧统《陶渊明传》上，就说他当彭泽令时"不以家累自随"，他到江陵时，母亲也是未必跟去，而死在浔阳的；况且《庚子岁五月中从都还阻风于规林》一诗，题中明说"从都还"，可知不只是经过，他曾居京是无疑的。退一步说，"畴昔家上京"的"家"字，一本作"居"，和题目《还旧居》也吻合，那就是他到了京都，重看看自己住过的地方，又并非指定是老家，也有何不可？

当他到了建康的时候，一方面感到残破，感到人生的虚无，有百年流幻的慨叹；一方面看到桓玄一系的人物固然逐渐被杀掉，就是刘牢之一系的旧人也慢慢被排斥，同时一些新贵出来，弹冠相庆。自己呢，看不顺眼，和周围的空气非常不调和，于是有了

[①]《资治通鉴》，卷一百十三。

被遗弃的牢骚,但又自己解嘲似的说:"废置且莫念,一觞聊可挥。"这就是他当时的心情。

在这种心情中,大概不久就赌气回家了。

但就在这一年的秋天,他又出来做了彭泽令,这是他最后一次的出仕,也是他最后一次的耕与仕之间的摇摆。经济压迫的痛苦,使他常常不能安于田园;要求自由的个性,又每每唤他脱离仕宦的樊笼:

>余家贫,耕植不足以自给。幼稚盈室,瓶无储粟,生生所资,未见其术。亲故多劝余为长吏,脱然有怀,求之靡途。会有四方之事,诸侯以惠爱为德,家叔以余贫苦,遂见用于小邑。于时风波未静,心惮远役,彭泽去家百里,公田之利,足以为酒。故便求之。及少日,眷然有归与之情。何则?质性自然,非矫厉所得。饥冻虽切,违己交病。尝从人事,皆口腹自役。于是怅然慷慨,深愧平生之志。犹望一稔,当敛裳宵逝。寻程氏妹丧于武昌,情在骏奔,自免去职。仲秋至冬,在官八十余日。因事顺心,命篇曰《归去来兮》。乙巳岁十一月也。
>
>——《归去来兮辞》序

这是他当彭泽令的经过的自白,这是绝好的史料。我们相信所说都是真的,虽然还不完全。"饥冻虽切,违己交病",这确乎是他出仕的原因以及他退休的原因。原来打算做一年,因丧妹又缩短成为八十多天，不到三个月。可见，他本来也不想长做下去的。但我们认为他说得还不完全，在不到二百字的短序里本就不能说得完全，在当时的政治环境下也不便于说得完全，所以我们必须在他的所说的"违己交病"之外，作这样的补充：在六七年到十年左右以前，他大概在刘牢之幕府中做过事，在五年以前，他大概参加过桓玄的政权（当时还是地方割据的性质），最近半年，又刚离开刘牢之的儿子刘敬宣的建威参军，也就是，他可能曾同刘裕同过事，他可能参加过现在为刘裕所消灭的桓玄系统，同时又沾染过一个受排斥的北府旧人的僚佐的色彩，以这样的政治关系看，他不可能再出来仕宦了！由于刘裕出身的关系，被一般士大夫瞧不起[1]，在刘裕死后，曾发现这位开国皇帝保存着从前用的"葛灯笼、麻绳拂"[2]，"耨耜之具"[3]，让他的子孙大惭，这说明刘裕的出身不唯不是像王谢一样的"过江士族"，而且也不像桓温、桓玄那样的江南土著的豪绅，却是亲手操作的农民，因此，这位出身虽然同样不煊赫然而受当时士族阶级教养很深的陶渊明，自然也要对刘裕加以鄙夷了。这样，无论在客观形势上，在主观意识上，陶渊明就绝没有可能出来仕宦了。仕宦与耕田之间的最后摆动，就因此停止了。

《归去来兮辞》是陶渊明的重要作品之一，就了解陶渊明本人的思想和生活论，那尤其有着头等重要的意义。首先，我们要记

---

[1] 《资治通鉴》，卷一百十三："初裕名微位薄，轻狡无行，盛流皆不与相知。"
[2] 《宋书》，卷三，《武帝本纪》下。
[3] 《南史》，卷一，《宋本纪》上。

得，这是产生在桓玄失败的次一年的作品，这是这篇作品的政治性；其次，这是陶渊明最后一次出仕而归的作品，所以这篇作品在陶渊明的生活史上有着前一段的生活之总结性。最后，就陶渊明的一生论，那《归去来兮辞》中的主题更几乎是他所有的作品中的基本情调，所以，它又特别有着代表性。

作在陶渊明四十一岁的《归去来兮辞》，让我们回想起他在三十六岁时写的"静念园林好，人间良可辞"，三十七岁时写的"投冠旋旧墟，不为好爵萦"，以及不久前所写的"田园日梦想，安得久离析"，甚而我们可以追溯到他二十九岁时刚一出仕时的心情："遂尽介然分，拂衣归田里。"

他所称赞的疏广、疏受，也就正是自己的写照：

> 大象转四时，功成者自去。
> 借问衰周来，几人得其趣？
> 游目汉廷中，二疏复此举。
> 高啸返旧居，长揖储君傅。
> 饯送倾皇朝，华轩盈道路。
> 离别情所悲，余荣何足顾！
> 事胜感行人，贤哉岂常誉？
> 厌厌同里欢，所营非近务。
> 促席延故老，挥觞道平素。
> 问金终寄心，清言晓未悟。
> 放意乐余年，遑恤身后虑？

谁云其人亡？久而道弥著！

——《咏二疏》

他虽然不曾"饯送倾皇朝"，然而是一样"高啸返旧居"的。他所歌咏的张仲蔚，也是他自己的影子：

仲蔚爱穷居，绕宅生蒿蓬。
翳然绝交游，赋诗颇能工。
举世无知者，止有一刘龚。
此士胡独然？实由罕所同。
介焉安其业，所乐非穷通。
人事固以拙，聊得长相从。

——《咏贫士》七首，其六

张仲蔚同样和陶渊明似的"息交以绝游"，同样和陶渊明似的"登东皋以舒啸，临清流而赋诗"啊。

自从陶渊明选定了自己的态度以后，就发现历史上不少的同调，除了张仲蔚外，可说《咏贫士》其他六首中所歌咏的都是在自己这个类型里。"重华去我久，贫士世相寻"，任何时代都有这样一些贫穷知识分子。但此中特别和陶渊明相近的，则是"即日弃其官"的阮公和"一朝辞吏归"的黄子廉：

袁安门积雪，邈然不可干。
阮公见钱入，即日弃其官。

刍藁有常温,采莒足朝餐。
岂不实辛苦,所惧非饥寒。
贫富常交战,道胜无戚颜。
至德冠邦间,清节映西关。

——《咏贫士》七首,其五

昔有黄子廉,弹冠佐名州。
一朝辞吏归,清贫略难俦。
年饥感仁妻,泣涕向我流。
丈夫虽有志,固为儿女忧。
惠孙一晤叹,腆赠竟莫酬。
谁云固穷难,邈哉此前修!

——《咏贫士》七首,其七

他们同样有贫富交战的斗争过程,然而也同样胜利了。他像奏着凯歌似的坚定地说:"朝与仁义生,夕死复何求!"(《咏贫士》七首,其四)

他那极其形象化的《归鸟》一诗,也就是"鸟倦飞而知还"的这个意象的扩大:

其一
翼翼归鸟,晨去于林。
远之八表,近憩云岑。
和风弗洽,翻翮求心。

顾俦相鸣,景庇清荫。

其二
翼翼归鸟,载翔载飞。
虽不怀游,见林情依。
遇云颉颃,相鸣而归。
遐路诚悠,性爱无遗。

其三
翼翼归鸟,驯林徘徊。
岂思天路,欣及旧栖。
虽无昔侣,众声每谐。
日夕气清,悠然其怀。

其四
翼翼归鸟,戢羽寒条。
游不旷林,宿则森标。
晨风清兴,好音时交。
矰缴奚施,已卷安劳?

当然,陶渊明还没有这样"顾俦相鸣"的幸运,因为他究竟孤独些。然而"欣及旧栖"却是实感。这里有"虽无昔侣"一语,大概是指陶渊明的一般旧友在政治变动中已经有些成为新贵了;又有"矰缴奚施,已卷安劳"二语,则是表示自己归来的得计,逃躲了危险的。这都是只要联系到当时司马、刘、桓之间的关系和陶渊明所沾染的政治色彩就很容易理解的。

《归去来兮辞》的实际思想，我们又不能只从"云无心以出岫，鸟倦飞而知还"，"聊乘化以归尽，乐夫天命复奚疑"这几句表面的话来把握。如果这样，陶渊明的出仕就未免太无意识了，他的归来也未免太单纯，单纯到一点矛盾也没有了。其实不然的。我们不要忘了，陶渊明是一个受有很浓厚的儒家思想的影响的人，因而在他出仕乃是正常的，归来却是不得已的。正面表示这个态度的，就是他的《感士不遇赋》。"原百行之攸贵，莫为善之可娱。奉上天之成命，师圣人之遗书。发忠孝于君亲，生信义于乡闾"，这才是他本来的理想。"发忠孝于君亲"，还不包括出仕么？这才是他正面的态度。只有看到像贾谊、董仲舒那样仕途的挫折，才"感哲人之无偶，泪淋浪以洒袂"，于是"苍昊遐缅，人事无已，有感有昧，畴测其理"，这就是，有感于政局变动的迅速，刺激太深，才因而"宁固穷以济意，不委曲而累己"了。赋中说得最露骨的是这几句："密网裁而鱼骇，宏罗制而鸟惊。彼达人之善觉，乃逃禄而归耕。"结尾的话也说得很明显："既轩冕之非荣，岂缊袍之为耻？诚谬会以取拙，且欣然而归止。拥孤襟以毕岁，谢良价于朝市。"我们试体会体会他那"感哲人之无偶，泪淋浪以洒袂"的情感，他哪里是"乐夫天命复奚疑"那样单纯呢？假若我们把《感士不遇赋》和《归去来兮辞》会合起来读，一里一表，对陶渊明的真相就猜得十之八九了。

就晋室、桓玄、刘裕比，陶渊明宁倾向于桓玄（虽然也不完全满意），然而那已是过去了。现实是，刘裕得了势。因此，十二年的动荡摇摆，就告了结束，于是建立了他自己的更成熟的思想面目的二十二年耕种生活。"既自以心为形役,奚惆怅而独悲?……胡为乎遑遑欲何之?"这也就总结了他的十二年游游荡荡的心情。我们试再重读他那叙述这十二年的生活的诗吧:

> 畴昔苦长饥,投耒去学仕。
> 将养不得节,冻馁固缠己。
> 是时向立年,志意多所耻。
> 遂尽介然分,拂衣归田里。
> 冉冉星气流,亭亭复一纪。
> 世路廓悠悠,杨朱所以止。
> 虽无挥金事,浊酒聊可恃。
> ——《饮酒》二十首,其十九

在"世与我而相遗,复驾言兮焉求"的幻灭的感觉中步入他的晚年。

八　步入二十二年的躬耕生活
——他的思想的成熟

　　自陶渊明四十一岁那年的冬天赋《归去来兮辞》以后，陶渊明的政治态度入于明确的时期，思想上也入于成熟的时期。这一年是义熙元年（公元四〇五年），是晋安帝借刘裕的力量又暂时维持名义上的皇帝的一年。十四年后晋安帝为刘裕绞杀，刘裕立了安帝的弟弟为恭帝；又过了两年，恭帝也为刘裕用药酒毒死；自此至陶渊明死的七年，便已是刘宋的王朝了。在这二十二年中，刘裕在未得到帝位之前，是忙于制造取得帝位的条件，于是有北伐；在既得帝位之后，就屠杀一切认为可能不忠于自己的人，其中甚而包括一些曾经与他一同起兵讨桓玄的人。这时士族的势力已经消歇了；更新的军阀势力还没有形成；天师道徒的起义虽占有十几年之久（公元三九九到四一一年），而终于失败；北方的异族经过北伐后究竟收敛了些。这就使刘宋王朝又得到稳定的条件。这就是这二十二年中的社会基本情况。陶渊明呢，他认真地过了二十二年躬耕生活。以前他也在田园里生活过，但他是不安心的，因而有十二年的动摇矛盾，现在却死心了，再不做出仕之想。以前他虽然也过过躬耕的生活，但那是无意识的，现在却是有意识的了：他这样做，他明白自己为什么要这样做。以前的躬耕，他自己究竟下多少劳力，也不免是疑问，换句话说，他以往的田园生活似乎是中小地主，现在却是劳力出得更多，对劳动生活体会得更多，也就是，更近于一般的农民生活了。游移和坚定，无意识和有意识，部分劳动和近于全部劳动，这是陶渊明后期生活和前期的不同处。也就是这样的生活基础，让我们有理由说陶渊明的晚年是更有了自己的独特面目的诗人、更成熟的诗人、更伟大的诗人了。

在陶渊明从彭泽令归来后，大概在第二年，也就是四十二岁时，就有了《归园田居》诗五首。在这些诗里一方面总结了过去的生活，"少无适俗韵，性本爱丘山。误落尘网中，一去三十年"；一方面道出了他现在的快乐，"久在樊笼里，复得返自然"；同时也写出了劳动生活的实践：

> 野外罕人事，穷巷寡轮鞅。
> 白日掩荆扉，虚室绝尘想。
> 时复墟曲中，披草共来往。
> 相见无杂言，但道桑麻长。
> 桑麻日已长，我土日已广。
> 常恐霜霰至，零落同草莽。
> ——《归园田居》五首，其二

> 种豆南山下，草盛豆苗稀。

> 晨兴理荒秽,带月荷锄归。
> 道狭草木长,夕露沾我衣。
> 衣沾不足惜,但使愿无违。
>
> ——《归园田居》五首,其三

夕露沾衣,带月荷锄,这是真正的劳动生活;随着桑麻日长,心志也日广,这是劳动生活的真正体会;虽然由于技术的不够熟练,草盛苗稀,不能算有很好的劳动成绩,然而比起刚回到田园时,"农人告余以春及,将有事于西畴",那种旁观的意味来,是大不同了。在三年前写的《癸卯岁始春怀古田舍》诗,虽然也在田园间生活,但是那种居高临下的态度还是不免的,这就是所谓"秉耒欢时务,解颜劝农人",现在却不同了,"相见无杂言,但道桑麻长","晨兴理荒秽,带月荷锄归",他参加在劳动之中,和一般农民的距离是在更加缩短着了。这就是他晚期的生活的特征。

那大概形成于《归去来兮辞》写作的时间前后的《饮酒》诗二十首,其中一首这样说:

> 清晨闻叩门,倒裳往自开。
> 问子为谁与?田父有好怀。
> 壶浆远见候,疑我与时乖。
> 褴缕茅檐下,未足为高栖。
> 一世皆尚同,愿君汩其泥。
> 深感父老言,禀气寡所谐。
> 纡辔诚可学,违己讵非迷?

且共欢此饮，吾驾不可回！

——《饮酒》二十首，其九

是坚定地表示"吾驾不可回"的，这样明朗的态度也是前所未有。

这样的坚定明朗的态度的获得，是经过十二年的思想斗争过程的。那种思想斗争的痕迹依然表现在另一首《饮酒》诗里：

长公曾一仕，壮节忽失时。
杜门不复出，终身与世辞。
仲理归大泽，高风始在兹。
一往便当已，何为复狐疑。
去去当奚道，世俗久相欺。
摆落悠悠谈，请从余所之。

——《饮酒》二十首，其十二

"长公"是张挚，"仲理"是杨伦，都是陶渊明所认为的曾经出仕而后来却又终身不出的榜样。陶渊明呢，"一往便当已，何为复狐疑"，却曾经狐疑过，不过也终于压下去了。这就是陶渊明，这就是经过了十二年的思想矛盾的克服后的陶渊明！

态度一坚定，就立刻感到自己和当时身份相去不远的人的距离来了：

有客常同止，取舍邈异境。
一士长独醉，一夫终年醒。

> 醒醉还相笑，发言各不领。
> 规规一何愚，兀傲差若颖。
> 寄言酣中客，日没烛当秉！
>
> ——《饮酒》二十首，其十三

过去的陶渊明也可说在"醒醉"之间的吧，现在是明确地在采取"醉"的态度了。他很鄙夷那些自以为"醒"着的人们，这样他就仿佛"超然"起来了：

> 行止千万端，谁知非与是。
> 是非苟相形，雷同共誉毁。
> 三季多此事，达士似不尔。
> 咄咄俗中恶，且当从黄绮！
>
> ——《饮酒》二十首，其六

陶渊明每自居为"四皓"，他觉得他是"超然"于那些司马、桓、刘的政争，以及依附在司马、桓、刘间各自评长论短的人们的。这种感觉，也只有在他退出政治圈外才有的。

陶渊明既"超然"于"是非苟相形，雷同共誉毁"之外，他就采取了隐士一般的态度，那就是沉默。可是是不是真沉默呢？为什么沉默呢？原来原因就在对当时的残忍的政争的消极抗议：

> 子云性嗜酒，家贫无由得。
> 时赖好事人，载醪祛所惑。

> 觞来为之尽,是谘无不塞。
> 有时不肯言,岂不在伐国?
> 仁者用其心,何尝失显默?
>
> ——《饮酒》二十首,其十八

这一方面是像陶渊明那样的小有产者所惯有的温情,一方面也是由于他还对失败的桓玄有些留恋,而这时候又很不好表示态度,所以只好"有时不肯言"了。对现实超然就是冷淡,冷淡就是不赞成——世界上哪里有真的超然呢?

有名的《五柳先生传》应该作于这一期间。因为其中的情况很像上面所引的《饮酒》诗,同时这时又是他最能够产生那样思想成熟、态度明朗的自叙传的时候:

> 先生不知何许人也,亦不详其姓字,宅边有五柳树,因以为号焉。闲静少言,不慕荣利。好读书,不求甚解;每有会意,便欣然忘食。性嗜酒,家贫不能常得。亲旧知其如此,或置酒而招之;造饮辄尽,期在必醉。既醉而退,曾不吝情去留。环堵萧然,不蔽风日;短褐穿结,箪瓢屡空,晏如也。常著文章自娱,颇示己志,忘怀得失,以此自终。
>
> 赞曰:黔娄之妻[①]有言,"不戚戚于贫贱,不汲汲于富贵。"其言兹若人之俦乎?酣觞赋诗,以乐其志。

---

① 据曾集本引一本有"之妻"二字。

> 无怀氏之民欤？葛天氏之民欤？

这篇被称为"实录"的自叙传，"性嗜酒，家贫不能常得"正是前引诗中的"子云性嗜酒，家贫无由得"，这里的"闲静少言"也就是前一诗的"有时不肯言"，可知二者是姊妹篇。这定居下来从容地读书习静的生活，又见之于《读〈山海经〉》诗的第一首：

> 孟夏草木长，绕屋树扶疏。
> 众鸟欣有托，吾亦爱吾庐。
> 既耕亦已种，时还读我书。
> 穷巷隔深辙，颇回故人车。
> 欢然酌春酒，摘我园中蔬。
> 微雨从东来，好风与之俱。
> 泛览周王传，流观《山海图》。
> 俯仰终宇宙，不乐复何如？

这同样有"好读书"，"每有会意，便欣然忘食"的情景。此外，《闲情赋》也可能是这一期间所作。因为照那序上说"余园闾多暇"，也只有这时最相近。而"淡柔情于俗内，负雅志于高云"那样理想的美人，也可能是五柳先生自况的一种方法——"颇示己志"的自娱的文章呢。

他在四十三岁那年（公元四〇七年），作有《祭程氏妹文》。这一年，桓玄的余党殷仲文、骆冰、桓石松、曹靖之、卞承之、刘延祖等被杀。

次年六月，遇火。他作有《戊申岁六月中遇火》诗：

> 草庐寄穷巷，甘以辞华轩。
> 正夏长风急，林室顿烧燔。
> 一宅无遗宇，舫舟荫门前。
> 迢迢新秋夕，亭亭月将圆。
> 果菜始复生，惊鸟尚未还。
> 中宵伫遥念，一盼周九天。
> 总发抱孤介，奄出四十年。
> 形迹凭化往，灵府长独闲。
> 贞刚自有质，玉石乃非坚。
> 仰想东户时，余粮宿中田。
> 鼓腹无所思，朝起暮归眠。
> 既已不遇兹，且遂灌我园。

这首诗一方面表现了此时的坚定，"贞刚自有质，玉石乃非坚"；一方面也逐渐形成桃花源那样的理想，"仰想东户时，余粮宿中田"。这也是在以前的作品中所不曾表现得如此清晰明朗的。

因为遇火，"一宅无遗宇"，全烧光了。照我们想象，也许这就是《归园田居》一诗所说的"草屋八九间"。至于"舫舟荫门前"，大概是说暂时住在船上。[①] 不知又隔了多少日子，他只好搬家了。《移居》诗当是这时作：

---

① 丁福保：《陶渊明诗笺》注卷三，引程穆衡《陶诗程传》。

其一

昔欲居南村，非为卜其宅。
闻多素心人，乐与数晨夕。
怀此颇有年，今日从兹役。
敝庐何必广？取足蔽床席。
邻曲时时来，抗言谈在昔。
奇文共欣赏，疑义相与析。

其二

春秋多佳日，登高赋新诗。
过门更相呼，有酒斟酌之。
农务各自归，闲暇辄相思。
相思则披衣，言笑无厌时。
此理将不胜，无为忽去兹。
衣食当须纪，力耕不吾欺。

就"敝庐何必广？取足蔽床席"看，更像是遇火后找到新居的光景。虽说"春秋多佳日"，但登高赋诗仍是秋天，所以可能是在六月遇火以后，在船上住了三两月，九月前后就移入了新居。这次移居最大的收获，是周围有一些谈得上来的朋友。他和刘遗民等的来往赠答，大概就在这时。集中有联句一首，写有"渊明、愔之、循之"等名字，愔之不知是谁，循之很像庞遵的字，也就是后来所写《怨诗楚调示庞主簿邓治中》的庞主簿，总之，就是"闲暇辄相思"的一群了。

这一年刘裕为扬州刺史,录尚书,大权在握。

义熙五年己酉(公元四〇九年),陶渊明四十五岁了,刘裕灭了南燕。但陶渊明的心情已非常萧索。因为已经隐退了五年了,所以在这一年作的《己酉岁九月九日》一诗中就已经消失了那些矛盾的情感,而只是称情自陶:

> 靡靡秋已夕,凄凄风露交。
> 蔓草不复荣,园木空自凋。
> 清气澄余滓,杳然天界高。
> 哀蝉无归响,丛雁鸣云霄。
> 万化相寻绎,人生岂不劳?
> 从古皆有没,念之中心焦!
> 何以称我情?浊酒且自陶。
> 千载非所知,聊以永今朝!

他这时已有些司空见惯似的"客观"了。"万化相寻绎,人生岂不劳?"因为见惯,就颇有些淡然了。

南燕主慕容超被擒,斩首于建康市,是在第二年二月,即义熙六年庚戌(公元四一〇年),陶渊明四十六岁。刘裕对外的武功已经建立了一部分。这时国内又有天师道徒卢循之战。这一战是一个大战。卢循是孙恩的妹夫,自孙恩在八年前(公元四〇二年)失败后,就和徐道覆占据广州,他们看见刘裕北伐,就乘机攻入长沙、南康。这时豫章(今江西南昌)、卢陵(今江西吉安)的地方官吏都弃守了,八郡都督何无忌战死,左仆射孟昶吓得自杀，眼看攻入京城。后来由于卢循在军事上的保守，才没有成功。陶渊明所住的浔阳又成了军事上的争夺之地了，何无忌在南昌战死，就是从浔阳出发的。后来卢循到了建康附近时，要退守的地方也仍是浔阳。同时桓玄的余部桓谦等又在枝江一带起兵，江陵的士民也有要做内应的，不过终为刘遵的兵力所败。到这时，桓氏的残余力量才完全消灭，这是这年九月间了。处在战乱中心地浔阳的陶渊明在这一年九月作有《庚戌岁九月中于西田获早稻》一诗：

> 人生归有道，衣食固其端。
> 孰是都不营，而以求自安？
> 开春理常业，岁功聊可观。
> 晨出肆微勤，日入负耒还。
> 山中饶霜露，风气亦先寒。
> 田家岂不苦？弗获辞此难。
> 四体诚乃疲，庶无异患干。
> 盥濯息檐下，斗酒散襟颜。
> 遥遥沮溺心，千载乃相关。
> 但愿长如此，躬耕非所叹！

想想当时的情势，才体会到他所谓"庶无异患干"的痛切。卢循会不会成功？桓氏会不会死灰复燃？这恐怕在当时是一般人都会考虑到的。无论谁成功，就都又会有一些党同伐异、搜寻杀捕的事出现。所以陶渊明认为还是种地的好。

这一年刘遗民（名程之）死了。① 陶渊明有《和刘柴桑》《酬刘柴桑》二诗，旧注认为"刘柴桑"即刘遗民，并说刘遗民曾为柴桑令。就《和刘柴桑》一诗"山泽久见招"看，刘遗民的可能性是很大的。这首诗大概即作于本年，根据是：诗中有"新畴复应畲"语，依照《尔雅》，畲是三年田（复字是连上句"茅茨已就治"的"已"字而言，并非形容"畲"），这正是移居到现在的时间（公元四○八到四一○年）。诗的全文是这样子：

> 山泽久见招，胡事乃踌躇？
> 直为亲旧故，未忍言索居。
> 良辰入奇怀，挈杖还西庐。
> 荒涂无归人，时时见废墟。
> 茅茨已就治，新畴复应畲。
> 谷风转凄薄，春醪解饥劬。
> 弱女虽非男，慰情良胜无。
> 栖栖世中事，岁月共相疏。
> 耕织称其用，过此奚所须？
> 去去百年外，身名同翳如！

假定刘柴桑即刘遗民，这首诗我们可以这样理解：刘遗民是一个曾做过誓文的佛教徒，陶渊明却自有儒家的立场，他还舍不了人间的温暖，"直为亲旧故，未忍言索居"；其次是刘遗民为刘

---

① 见《莲社高贤传》，王谟《汉魏丛书》本。

裕所赏识,遗民也是刘裕所送的雅号,看来此人和刘裕还是有些瓜葛,而陶渊明则对刘裕是鄙夷的,诗中说"去去百年外,身名同翳如",当是讥讽刘遗民终有些名心未退;再次是,刘遗民、周续之和陶渊明号称"庐山三隐",但陶对周也有微词,见后来写的《示周掾祖谢》一诗,恐刘遗民和周续之也有些类似,所以诗中乃是表示二人之间的距离的。"茅茨已就治,新畴复应畬",这也是实情,刚重新安定下来,眼看又有自己耕种的成绩,如何肯舍下去上山呢。

《酬刘柴桑》一诗应该作于和诗之前,而年月不详:

> 穷居寡人用,时忘四运周。
> 榈庭多落叶,慨然知已秋。
> 新葵郁北牖,嘉穟养南畴。
> 今我不为乐,知有来岁不?
> 命室携童弱,良日登远游。

这诗里同样有与世相忘的意味,言外就是讥刘遗民一般的人是太不能忘世了。

卢循在义熙七年辛亥(公元四一一年)失败自杀,徐道覆被斩,广州一带的起义全部被扑灭。这个为时十几年的以天师道为外衣的农民大起义,就告以结束了,于是刘裕的地位是更巩固了。他在这一年接受了太尉的名义。这时陶渊明四十七岁。他的友人殷景仁应刘裕之命,做了太尉参军。陶渊明作有《与殷晋安别》诗:

殷先作晋安南府长史掾,因居浔阳,后作太尉参军,移家东下,作此以赠。

> 游好非久长,一遇尽殷勤。
> 信宿酬清话,益复知为亲。
> 去岁家南里,薄作少时邻。
> 负杖肆游从,淹留忘宵晨。
> 语默自殊势,亦知当乖分。
> 未谓事已及,兴言在兹春。
> 飘飘西来风,悠悠东去云。
> 山川千里外,言笑难为因。
> 良才不隐世,江湖多贱贫。
> 脱有经过便,念来存故人。

殷景仁在此年三月为行参军,[①]诗中说"兴言在兹春",时日是正相合的。刘裕刚一受命太尉,就起用殷景仁,可知他已为刘裕的亲信。陶渊明在诗里充分地表示不满,说"语默自殊势,亦知当乖分",说"良才不隐世,江湖多贱贫",不同调到如此地步。序中又特别指出"先"作晋安南府长史掾,"后"作太尉参军,题目中又偏不提他荣任的新职,这是对殷景仁不满,也是对刘裕不满的。后来殷景仁在宋文帝时,表现为一个阴险的政客,陶渊明也算早洞烛其奸了。

这一年,和他一块耕种的从弟敬远亡故了,他作有《祭从弟

---

① 《资治通鉴》,卷一百十六。

敬远文》。

刘裕的地位日趋巩固,也就逐渐清洗那些被他认为可与自己竞争的人们。义熙八年(公元四一二年),刘毅被逼自杀。刘毅是和刘裕一同起兵的人,因为比刘裕文雅些,很得一些"搢绅白面之士"的信仰,所以遭忌而死。与刘毅相牵连,在诗史上一个重要人物谢混①也被杀了。这时另一位和刘裕一同起兵的人诸葛长民也不自安了,说:"昔年醢彭越,今年杀韩信,祸其至矣!"但他造反不成,次年刘裕亲自去收拾他。刘裕让他把心腹的话都说出,他正高兴,但刘裕暗中埋伏的壮士丁旿就忽然跳出,在席间把他勒死了。诸葛长民死的这一年,陶渊明四十九岁。陶渊明在《饮酒》诗中有这样一首:

> 幽兰生前庭,含薰待清风。
> 清风脱然至,见别萧艾中。
> 行行失故路,任道或能通。
> 觉悟当念还,鸟尽废良弓。
>
> ——《饮酒》二十首,其十七

如果不是有感于刘毅、诸葛长民等的遭遇,那也是早料到刘裕这样的手段的了。刘裕这样的手段,这时并没有完,以后还继续下去,并且一直传给他的儿子——宋文帝。这样的人如何能合作呢?陶渊明以躬耕为得计,"鱨鲦奚施?已卷安劳",是一点也

---

① 《世说新语·文学篇》,刘孝标注引续《晋阳秋》:"询、绰并为一时文宗,自此作者悉体之。至义熙中,谢混始改之。"

不奇怪了。

诸葛长民死的这一年,即义熙九年(公元四一三年),僧慧远作《佛影铭》,铭词是:

> 廓矣大象,理玄无名。体神入化,落影离形。

在这里把形、影、神三者的关系揭示了出来,又曾经"兴师动众"地派了道秉去远道邀年轻诗人谢灵运(这年二十八岁)撰作铭文,陶渊明有名的《形影神》一诗大概是受了这事的刺激而成。① 那诗道:

> 贵贱贤愚,莫不营营以惜生,斯甚惑焉。故极陈形影之苦,言神辨自然以释之。好事君子,共取其心焉。

形赠影
天地长不没,山川无改时。
草木得常理,霜露荣悴之。
谓人最灵智,独复不如兹。
适见在世中,奄去靡归期。
奚觉无一人,亲识岂相思?
但余平生物,举目情凄洏。
我无腾化术,必尔不复疑。

---

① 逯钦立《〈形影神〉诗与东晋之佛道思想》,《历史语言研究所集刊》第十六本(一九四七年)。

愿君取吾言,得酒莫苟辞!

影答形

存生不可言,卫生每苦拙。
诚愿游昆华,邈然兹道绝。
与子相遇来,未尝异悲悦。
憩荫若暂乖,止日终不别。
此同既难常,黯尔俱时灭。
身没名亦尽,念之五情热。
立善有遗爱,胡为不自竭?
酒云能消忧,方此讵不劣?

神释

大钧无私力,万理自森著。
人为三才中,岂不以我故?
与君虽异物,生而相依附。
结托善恶同,安得不相语?
三皇大圣人,今复在何处?
彭祖爱永年,欲留不得住。
老少同一死,贤愚无复数。
日醉或能忘,将非促龄具?
立善常所欣,谁当为汝誉?
甚念伤吾生,正宜委运去。
纵浪大化中,不喜亦不惧。

> 应尽便须尽，无复独多虑！

这是陶渊明的重要作品是无疑的，因为这是在他的集中被列为五言诗之首的。不管现在这个集子有没有陶渊明自编的痕迹，总可见出后人对它的重视。诗中化身为形、影、神三者，其实各有陶渊明的一部分。"得酒莫苟辞"的形，固然是篇篇有酒的诗人陶渊明了，"立善有遗爱，胡为不自竭"的影，也是像陶渊明那样"脂我名车，策我名骥。千里虽遥，孰敢不至"的积极的一面；而"应尽便须尽，无复独多虑"的神，也正是自归去来后"聊乘化以归尽，乐夫天命复奚疑"的结论的重述。从"无复独多虑""复奚疑"的口气看，就见出陶渊明常是在形、影、神三者的交战状态中，这就越可以说明三者各是陶渊明一体了。但是这三首诗里却有共同的一点，那就是反对神仙，主张自然，在某种程度上作者是一个唯物论者。我们说在某一种程度上，是因为他究竟还说"人为三才中，岂不以我（神）故"，还是把神高看一等的。然而无论如何，比起要在形影神的论据中肯定神不灭并肯定报应的存在的慧远来，他是鲜明地拿起一面新兴的儒家旗帜去反对道释二家了。这是陶渊明的思想成熟期的面目，这也是他高出于当时莲社诸人处，陶渊明在中国思想史上有卓绝的地位者也就以此。

义熙十年甲寅（公元四一四年），陶渊明五十岁了。他已过了十年的田园隐居的生活了。人到了五十岁，是会另有一种感觉的，因为这时已临近了一个中寿的人的结束。回忆会多起来，和少壮时的比较也会多起来。陶渊明正是这样，他写的《杂诗》中的一首可为代表：

> 昔闻长者言，掩耳每不喜。
> 奈何五十年，忽已亲此事。
> 求我盛年欢，一毫无复意。
> 去去转欲远，此生岂再值？
> 倾家时作乐，竟此岁月驶。
> 有子不留金，何用身后置？
>
> ——《杂诗》十二首，其六

《杂诗》十二首未必作于同时，但可能大部分是作于这时前后。因为，那种"求我盛年欢，一毫无复意"的感觉是在很多首里表现着：

> 盛年不重来，一日难再晨。
>
> ——《杂诗》十二首，其一

> 日月还复周，我去不再阳。
>
> ——《杂诗》十二首，其三

> 丈夫志四海，我愿不知老。
>
> ——《杂诗》十二首，其四

> 忆我少壮时，无乐自欣豫。
>
> ——《杂诗》十二首，其五

总之，这都是老年的感觉。因为感觉老了，才觉出和少壮时的距离来。他这时一方面凄凉,"欲言无予和,挥杯劝孤影",一方面又想努力奋发,"古人惜寸阴,念此使人惧",同时,他感到没有多少年了,"前途当几许,未知止泊处","素标插人头,前途渐就窄",他对于人生越发留恋了,不但希望"亲戚共一处,子孙还相保",而且,"落地为兄弟,何必骨肉亲。得欢当作乐,斗酒聚比邻"。本来渴求人间温暖的他,现在是仿佛快入初冬,更觉得阳光的可爱了。

陶渊明五十一岁这一年,是义熙十一年乙卯(公元四一五年),刘柳为江州刺史,颜延之随刘柳到了浔阳。这时颜延之年三十二岁,还是一个青年诗人,他和陶渊明的结交应该就在这时。颜延之也是一个很有棱角的人,每每触犯权要(见《宋书》本传),陶渊明曾以"独正者危,至方则碍"相劝,这给颜延之的印象很深,所以后来还将其写在《陶征士诔》里。"自尔介居,及我多暇。伊好之洽,接阎邻舍",这也是诔里的话,可见他们做过邻居,时时来往着。

刘柳在义熙十二年丙辰(公元四一六年)六月死了,大概不久颜延之也就离去。继刘柳为江州刺史的是檀韶。檀韶曾经请周续之、祖企、谢景夷三人共在城北讲礼,陶渊明对这事颇有讥讽,那就是《示周掾祖谢》一诗里所表现的:

负疴颓檐下,终日无一欣。
药石有时闲,念我意中人。
相去不寻常,道路邈何因!
周生述孔业,祖谢响然臻。

> 道丧向千载，今朝复斯闻。
> 马队非讲肆，校书亦已勤。
> 老夫有所爱，思与尔为邻。
> 愿言诲诸子，从我颍水滨。

这一年八月刘裕北伐，周续之在北伐期中为刘裕的儿子讲经，所以他在浔阳城北校书应该就是这一年六七月间的事。陶渊明的诗也就作于此时。这诗如果单就"道丧向千载，今朝复斯闻"二句看，仿佛陶渊明很赞许他们的事业似的，然而末句说"愿言诲诸子，从我颍水滨"，那就是要别人学那听到尧要让天下给自己而去洗耳的许由，也就是明白表示不可以同现存政治势力妥协了。这样我们就可以理解"马队非讲肆，校书亦已勤"，确乎是讽刺，是说当时一般武夫（包括刘裕）而要讲孔子的事业，未免太不伦不类了！陶渊明是真正热爱孔子的人，见到这般人也提倡孔子，就未免有些愤愤然。而周续之等偏去为军阀作点缀，所以十分惋惜，叫他们学许由，是叫他们学学干净吧！周续之虽然隐在庐山，但和权贵勾勾搭搭，被人讥为"通隐"，[①]后来又入京讲礼，在刘裕即位后则更加推重，陶渊明对他有微词，是不足怪的。这样我们也就可以理解诗中所说"相去不寻常，道路邈何因"，意思是和他们貌合神离，所以虽同在一城，反而像相去很远似的。"念我意中人"，也正是惋惜之至的口气呢！

这一年八月，陶渊明又有《丙辰岁八月中于下潠田舍获》诗：

---

① 见《莲社高贤传》。

> 贫居依稼穑，戮力东林隈。
> 不言春作苦，常恐负所怀。
> 司田眷有秋，寄声与我谐。
> 饥者欢初饱，束带候鸣鸡。
> 扬楫越平湖，泛随清壑回。
> 郁郁荒山里，猿声闲且哀。
> 悲风爱静夜，林鸟喜晨开。
> 曰余作此来，三四星火颓。
> 姿年逝已老，其事未云乖。
> 遥谢荷蓧翁，聊得从君栖。

这诗里提到老，这是五十以后的诗中所常见的。"三四星火颓"是说十二年，从四十一岁归来到现在五十二岁恰有十二年了。他深刻体会到饥饿的滋味，所以也体会到初饱的快乐；他瞻念周围，他没有后悔，"其事未云乖"；他觉得走荷蓧丈人的路没有走错！

刘裕在八月出发北伐，十月就收复了洛阳。这种顺利主要靠的是北方人民的支持。例如当缺粮时，老百姓就"竞送义租"[①]，军食因而不致乏绝。次年八月即攻破长安，灭了姚秦，九月斩姚泓于建康市。这本是民族斗争的一个大胜利，然而统治阶级的刘裕是把阶级利益放在民族利益之上的，他攻破长安，却只是当作自己政争的一种资本，并不想巩固它。这情形在其他国家也是看清楚的，魏国崔浩就说："南北异俗，借使国家（魏）弃恒山以南，

---

① 《资治通鉴》，卷一百十八。

裕必不能以吴越之兵与吾争守河北之地，安能为吾患乎？"又说，"裕克秦而归，必篡其主……秦地终为国家（魏）之有，可坐而守也。"① 夏国王贾德就说："关中形胜之地，而裕以幼子守之，狼狈而归，正欲急成篡事耳。不暇复以中原为意，此天以关中赐我，不可失也。"② 刘裕北伐的胜利，是空空受了老百姓的支持，而终于辜负了老百姓的期望。刘裕离开长安时，老百姓哭诉说："残民不沾王化，于今百年，始睹衣冠，人人相贺。长安十陵是公家坟墓，咸阳宫殿是公家室宅，舍此欲何之乎？"③ 然而刘裕仍是急于回来篡位了。长安也就在他离开的次年（义熙十四年戊午，公元四一八年）被夏王赫连勃勃侵占了。

长安收复时，陶渊明五十三岁；长安再陷时，陶渊明五十四岁。他在五十三岁时，有《赠羊长史》诗：

> 左军羊长史，衔使秦川，作此与之。
>
> 愚生三季后，慨然念黄虞。
> 得知千载上，正赖古人书。
> 贤圣留余迹，事事在中都。
> 岂忘游心目？关河不可逾。
> 九域甫已一，逝将理舟舆。
> 闻君当先迈，负疴不获俱。

---

① 《资治通鉴》，卷一百十八。
② 《资治通鉴》，卷一百十八。
③ 《资治通鉴》，卷一百十八。

> 路若经商山，为我少踌躇。
> 多谢绮与角，精爽今何如？
> 紫芝谁复采？深谷久应芜。
> 驷马无贳患，贫贱有交娱。
> 清谣结心曲，人乖运见疏。
> 拥怀累代下，言尽意不舒！

羊长史即羊松龄，左军乃朱龄石，这诗是当羊松龄奉朱龄石之命往关中贺刘裕之捷时写赠的。陶渊明这时听说洛阳（中都）收复了，也很想去看看，全国又有统一的局面，他也高兴得将要束装北上，可是他已病了几年了（见《示周掾祖谢》诗"负疴颓檐下"），所以只好作罢。然而他从洛阳又联想起他日常所佩服的"四皓"来了，也就记起了《四皓歌》。那歌是这样子：

> 漠漠高山，深谷逶迤。
> 晔晔紫芝，可以疗饥。
> 唐虞世远，吾将何归？
> 驷马高盖，其忧甚大。
> 富贵之畏人兮，不若贫贱之肆志。

现在诗中的"慨然念黄虞……紫芝谁复采？深谷久应芜。驷马无贳患，贫贱有交娱"就都是由《四皓歌》感发出来的。接着，陶渊明的深深的感慨也就来了：因为，像刘裕这一举动，连魏夏二敌国都看那样清楚，难道国内反而一点看不出么？尤其是，像陶渊明那样敏感而又留心世事的诗人会看不出么？他想到，刘裕的北伐哪里是真的为民族争气？不过如过去几个军阀走的老路（那些史实对陶渊明是如此的新鲜如昨），他不能不觉察出这实在是在诗人看来很残忍很奸诈的一幕政变的序曲罢了，而自己又是那样不合时宜的人，所以说"人乖运见疏"，"言尽意不舒"呵！

由于羊松龄的入秦，陶渊明可能得到一些关中类似桃花源的见闻。戴延之随刘裕入关，著《西征记》，其中就有这样的一些记事。大概北方人民在西晋末年不能远徙的为了逃避异族的压迫，就找一些平旷而与外隔绝的地方避难。这也就是《桃花源记》中所谓避秦时乱的现实基础。因为晋时又流传刘驎之入衡山采药失路的故事，刘驎之即《桃花源记》中的刘子骥，陶渊明大概把听来的关中见闻和这故事作为了《桃花源记》创作的张本。[①] 所以，《桃花源记》的创作时代大概也就在这一二年中。《桃花源记》后的诗同样提到四皓，正和《赠羊长史》诗中所联想的差不多。桃花源代表陶渊明的空想社会主义的政治理想，他希望的乃是一个"秋熟靡王税"的没有剥削的社会。这是陶渊明较成熟的政治思想的结晶。"问今是何世，乃不知有汉，无论魏晋"，更说明陶渊明是经过几度政变后的厌倦，他想逃避，而逃避到这样的乌托邦了。

关中再度失陷的这一年，也就是刘裕忙着把晋安帝缢死的一年。但刘裕没有马上篡位，这是因为谶文上说"昌明之后有二帝"，昌明是晋孝武帝司马曜的字，现在只经过了一个安帝（司马德宗）是不够数的，所以必须再制造一帝——恭帝（司马德文），因而

[①] 陈寅恪《桃花源记旁证》，《清华学报》十一卷一期（一九三六年）。

又忍耐了两年。陶渊明在安帝被缢死的这一年是五十四岁（义熙十四年戊午，公元四一八年）。这一年，他作有《怨诗楚调示庞主簿邓治中》：

> 天道幽且远，鬼神茫昧然。
> 结发念善事，僶俛六九年。
> 弱冠逢世阻，始室丧其偏。
> 炎火屡焚如，螟蜮恣中田。
> 风雨纵横至，收敛不盈廛。
> 夏日长抱饥，寒夜无被眠。
> 造夕思鸡鸣，及晨愿乌迁。
> 在己何怨天，离忧凄目前。
> 吁嗟身后名，于我若浮烟。
> 慷慨独悲歌，钟期信为贤！

这就是陶渊明从早年到现在的遭遇的总括。陶渊明另有《有会而作》一诗，年代不详，但提到了"老至更长饥"，似乎创作时间和《怨诗楚调示庞主簿邓治中》时日不远：

> 旧谷既没，新谷未登，颇为老农，而值年灾。日月尚悠，为患未已。登岁之功，既不可希，朝夕所资，烟火裁通。旬日已来，始念饥乏。岁云夕矣，慨然永怀。今我不述，后生何闻哉？
>
> 弱年逢家乏，老至更长饥。

> 菽麦实所羡，孰敢慕甘肥？
> 怨如亚九饭，当暑厌寒衣。
> 岁月将欲暮，如何辛苦悲！
> 常善粥者心，深恨蒙袂非。
> 嗟来何足吝，徒没空自遗。
> 斯滥岂彼志，固穷夙所归。
> 馁也已矣夫，在昔余多师。

这真是苦了一辈子的经验语。他反对像黔敖那样既乞食而摆架子，更反对黔敖之为面子而饿死，这原因是他自己太体会到饥饿的痛苦了。有钱的人在夏天就制备寒衣，现在他自己制不起，所以见别人这样会打算就讨厌。这都是很写实的。《魏书》卷一百一十《食货志》中说："晋末天下大乱，生民道尽，或死于干戈，或毙于饥馑，其幸而自存者盖十五焉。"敌国的记载也许有些夸张，但乱况是一定有的，陶渊明也就在这几年特别困窘，所以《有会而作》一诗应该写在这期间。

同年，陶渊明作有《岁暮和张常侍》一诗：

> 市朝凄旧人，骤骥感悲泉。
> 明旦非今日，岁暮余何言？
> 素颜敛光润，白发一已繁。
> 阔哉秦穆谈，旅力岂未愆？
> 向夕长风起，寒云没西山。
> 厉厉气遂严，纷纷飞鸟还。

民生鲜常在,矧伊愁苦缠?
屡阙清酤至,无以乐当年。
穷通靡攸虑,憔悴由化迁。
抚己有深怀,履运增慨然!

陶渊明的好友并亲戚张野,曾征拜过散骑常侍(但未应征),张野死在义熙十四年,诗中像挽歌,所以定为此年。"和"字也许是挽字之误,也许是"和"张野的族子张诠的,因为张诠也曾征拜过常侍,那么就是张诠原诗也是挽张野的了。① 这是岁暮写的一首诗,如果和这一年十一月长安再陷,十二月晋安帝被缢联系起来看,这"履运增慨然"的用意就显明起来。这和前年写的《赠羊长史》诗中所说"人乖运见疏"正是类似的感觉。因为,(两首诗)写作的年月是如此地近的。他为外祖写的《晋故征西大将军长史孟府君传》可能是这时写,因为其中也有"道悠运促"的话。

这一年佛教大师慧远以八十三岁的高龄圆寂。陶渊明的很多友人像刘遗民、周续之、张野等曾在慧远的左右学佛,慧远圆寂的地方又是庐山,和陶渊明的居地是这样近,然而陶渊明没有参加进去,这见出陶渊明是有坚定的主张的。传说他曾为慧远约去入莲社,他提了个条件是:"若许饮则往。"慧远也答应了,但他去后,又皱了皱眉头,溜掉了。② 以陶渊明的深厚的儒家思想和佛教相抵触论,以陶渊明的个性是喜爱自由而不能守拘束论,这个故事是有真实性的。陶渊明作的《拟古》诗第六首,有"厌闻世上语,

---

① 陶澍注《陶靖节集》,卷二。
② 见《莲社高贤传》。

结友到临淄。稷下多谈士，指彼决吾疑。……行行停出门，还坐更自思。不畏道里长，但畏人我欺"几句话，可能即指白莲社中人。① 因为慧远卒于是年，所以我们提到过的他那有名的和慧远的论点有着争辩的《形影神》诗不能迟于是年。

这一年，王弘为抚军将军、江州刺史，代替了檀韶。传说王弘曾经要去见陶渊明，而陶渊明不见。后来王弘找出陶渊明的朋友庞通之在半道里用酒截住（他），正喝得高兴，王弘就出面了，陶渊明便也没给他难堪。② 在另一个传说里，陶渊明觉得得罪了王弘也很后悔，便这样说："我性不狎世，因疾守闲，幸非洁志慕声，岂敢以王公纡轸为荣邪？夫谬以不贤，此刘公干所以招谤君子，其罪不细也。"③ 因而落得因庞通之的截住去路而不再摆架子，下台了。相比前者，这后一个传说是更合理的。王弘是一个偏狭的人④，弹劾谢灵运的就是他，同时也是刘裕跟前的一个红人，陶渊明实在犯不上得罪他了。后来陶渊明也很和他敷衍应酬了一番。

晋安帝被缢死后，刘裕立了安帝的弟弟，这就是恭帝。恭帝元熙元年己未（公元四一九年），陶渊明五十五岁了。陶渊明在晋末曾被征为著作佐郎，他未就。不知道是不是这一年。刘裕则在这一年已经进封为宋王了。

---

① 宋汤汉注。
② 《宋书》，卷九十三，《隐逸传》。
③ 《晋书》，卷九十四，《隐逸传》。
④ 《宋书》，卷四十二，《王弘传》："性又偏隘。"

九 再度处于改朝换代时的陶渊明

过了一年,即元熙二年庚申(公元四二〇年),但亦即宋武帝永初元年,因为这一年六月,晋亡,"禅位"给刘裕,改了元。这是陶渊明经历了的第二次改朝换代。这一幕禅让剧是很滑稽的。在这一年正月,刘裕已经想受禅,但他招集他的亲信会议,却只说"物忌盛满,非可久安,今欲奉还爵位,归老京师",弄得别人莫名其妙,还以为他真的退让,就称颂他的盛德,所以会议一直到散,谁也没提起禅位的事。只有傅亮回去以后才省悟出刘裕的真意,便夜间辞别刘裕,忙着筹备去了。到了四月,征刘裕入京。六月便把禅位的诏书替晋恭帝写好了,请他抄一抄。晋恭帝见了诏草,反倒如释重负般地十分高兴,说:"桓玄之时,晋氏已无天下,重为刘公所延,将二十载,今日之事,本所甘心。"这样就把"禅让"的一幕完成了。晋恭帝改为零陵王。这一年,陶渊明五十六岁了。

改朝换代是件大事情,陶渊明不可能无动于衷。《读史述九章》可能就是这时作。这九章是《夷齐》《箕子》《管鲍》《程杵》《七十二弟子》《屈贾》《韩非》《鲁二儒》《张长公》。文字虽然都很简短,但代表了陶渊明各方面的思想。《夷齐》是表现他"慨想黄虞"的政治理想的,《管鲍》和《程杵》表现要求知己,《屈贾》和《韩非》表现"逢世多疑"的遭遇,《七十二弟子》表现"回也早夭,赐独长年"的不平,《张长公》表现自己的"独养其志"的出路,而最突出的是表现易代之感的《箕子》和《鲁二儒》:

> 去乡之感,犹有迟迟。
> 矧伊代谢,触物皆非。
> 哀哀箕子,云胡能夷?
> 狡童之歌,凄矣其悲!
>
> ——《箕子》

> 易代随时,迷变则愚。
> 介介若人,特为贞夫。
> 德不百年,污我诗书。
> 逝然不顾,被褐幽居。
>
> ——《鲁二儒》

因为易代,而"触物皆非";因为易代,而有了"随时"和"迷变"的两种不同态度——这些都是非身历其境的人不能如此深切体会的。陶渊明对于政治原不是不关切的,他平日就有一种"慨想黄虞"的苦闷,现在具体刺激来了,他所鄙夷的刘裕在政治上终于成功了,所以他的政治苦闷也就更加显明起来。

他有"完了"的感觉,是可以想象的。第二年正月初五,即永初二年辛酉(公元四二一年),他写有《游斜川》诗:

（序）辛酉[①]正月五日，天气澄和，风物闲美，与二三邻曲，同游斜川。临长流，望曾城，鲂鲤跃鳞于将夕，水鸥乘和以翻飞。彼南阜者，名实旧矣，不复乃为嗟叹。若夫曾城，傍无依接，独秀中皋，遥想灵山，有爱嘉名。欣对不足，率尔赋诗。悲日月之遂往，悼吾年之不留。各疏年纪乡里，以记其时日。

开岁倏五日[②]，吾生行归休。
念之动中怀，及辰为兹游。
气和天惟澄，班坐依远流。
弱湍驰文鲂，闲谷矫鸣鸥。
迥泽散游目，缅然睇曾丘。
虽微九重秀，顾瞻无匹俦。
提壶接宾侣，引满更献酬。
未知从今去，当复如此不？
中觞纵遥情，忘彼千载忧。
且极今朝乐，明日非所求！

为什么刚到正月初五，就有"吾生行归休"的感觉呢？这一定是在上一年就感慨万端，过了年便想出来散散心，然而政治苦闷又涌上心头了，所以才这样的。另外也有一可能，也许正月五日

---

① 一本作"辛丑"，辛丑为公元四〇一年，时陶渊明年三十七，与诗中"吾生行归休"老境不合。

② 一本作"五十"，我们认为"五日"与序中"正月五日"吻合，作五十则年谱要整个变动，而很多年代都不符合。

是陶渊明的生辰,于是特别有怅触。但这只是推想,并无佐证。可靠的却是一个更具体的刺激来了。

这就是,把晋国"禅让"出去的零陵王(晋恭帝),是不是就逃出刘裕的毒害呢?并没有。就在这年,即刘裕践祚的次年,刘裕叫零陵王的亲信张祎用毒酒去毒死他,但张祎不肯下手,反而饮酒自杀。① 这时零陵王为他的褚后所保护,吃东西特别小心,所以一时没有被害的机会。刘裕便请前褚后的哥哥褚叔度找褚后谈话,利用这个空隙派人向零陵王进毒药,但零陵王也不肯自杀,因为他是信佛的,认为自杀了下辈子便不能再托生为人,于是仍只好死于别人之手。这是这年九月的事。陶渊明在这一年五十七岁了。就在人对人的同情上罢,陶渊明自有一种不可遏止的愤慨:让了国也还是被杀,被杀又是经过如此处心积虑的计划,如此险狠毒辣!于是诗人的陶渊明就写了那首隐隐约约的《述酒》诗:

> 重离照南陆,鸣鸟声相闻。
> 秋草虽未黄,融风久已分。
> 素砾皛修渚,南岳无余云。
> 豫章抗高门,重华固灵坟。
> 流泪抱中叹,倾耳听司晨。
> 神州献嘉粟,四灵② 为我驯。
> 诸梁董师旅,芊胜丧其身。
> 山阳归下国,成名犹不勤。

---

① 《晋书》卷八十九,《忠义传》。

② 原作"西灵",据汤汉注改。

> 卜生善斯牧，安乐不为君。
> 平王①去旧京，峡中纳遗薰。
> 双陵甫云育，三趾显奇文。
> 王子爱清吹，日中翔河汾。
> 朱公练九齿，闲居离世纷。
> 峨峨西岭内，偃息常所亲。
> 天容自永固，彭殇非等伦。

因为太隐约了，要完全弄明白这首诗是不可能的，但经过很多人的考证，②主要的意思是可以猜得出的。末尾说"天容自永固"，"天容"就是天子之容，可见这是指一个天子的死是无疑的。中间"山阳"是指汉献帝，"安乐"是指刘禅，都合乎晋恭帝的身份：一个也曾"禅让"，一个也亡了国。"重华"是舜，舜的坟相传在零陵九疑，南岳同样是含有零陵一带的地方的意思，这也都像是指恭帝之为零陵王事。"神州献嘉粟"，"四灵"呈瑞，都是指刘裕所制的符瑞。"双陵甫云育，三趾显奇文"是说刘裕的北伐刚刚拯救了北方人民，但却忙着自己布置登极了。诗的开始是点明时间在由夏入秋，接着是点明地方在南。他对恭帝是同情到这样地步："流泪抱中叹，倾耳听司晨。"夜间悲愤得睡不着，只等鸡叫

---

① 原作"平生"，据汤注从韩子苍本改。

② 除韩子苍、汤汉、黄文焕、陶澍对此诗有所发明外，近人古直亦有解释。储皖峰有《陶渊明述酒诗补注》，见《辅仁学志》八卷一期（一九三九年六月）。逯钦立有《述酒诗题注释疑》，见《历史语言研究所集刊》第十八本（一九四八年）。

天亮。他自己的地位则是"闲居离世纷","朱公"令人联想陶朱公,已指出自己的姓。这都符合陶渊明的身份以及对晋室的态度的。我们虽不承认陶渊明怎样忠于晋室,但对遭了如此下场的晋末一个皇帝的同情和愤慨却是无可否认的。这就是我们对于《述酒》诗的理解。

陶渊明对于这个刺激可能不止写了这一首诗。吴骞认为《蜡日》也是和《述酒》相似的一诗,"酒中适何多"一句就是说酒中之阴计何多。① 不过这首诗远不如《述酒》诗那样容易猜想,因此我们还不能下这样肯定的结论。但《咏三良》诗却可能是由于张祎的事,② 原文是这样子:

> 弹冠乘通津,但惧时我遗。
> 服勤尽岁月,常恐功愈微。
> 忠情谬获露,遂为君所私。
> 出则陪文舆,入必侍丹帷。
> 箴规向已从,计议初无亏。
> 一朝长逝后,愿言同此归。
> 厚恩固难忘,君命安可违?
> 临穴罔惟疑,投义志攸希。
> 荆棘笼高坟,黄鸟声正悲。
> 良人不可赎,泫然沾我衣!

---

① 见吴骞《拜经楼诗话》。

② 参看陶澍注。

我们同意陶澍那样的见解：这诗是"咏怀"，而不是"论古"。我们也同意这首诗和张祎事有关。但我不认为此诗是单纯地悼张祎。我们认为这首诗的主旨是说人们不可以轻于依附一种政权而殉葬。没陷进去时，唯恐进不去，所谓"但惧时我遗"；既陷进去，那就有可能言听计从而愈陷愈深；万一此政权失败，在道义上就只有殉葬了。既然这样，何如早站在圈外？这也就是陶渊明所采取的态度。这首诗是有陶渊明的封建道德观念在，有陶渊明看到的许多事实在（其中有张祎），有陶渊明自身采取的态度在。

《读〈山海经〉》（十三首）诗的最末一首说：

> 岩岩显朝市，帝者慎用才。
> 何以废共鲧，重华为之来。
> 仲父献诚言，姜公乃见猜。
> 临没告饥渴，当复何及哉？

这更是明显的一首和时事有关的诗了。这是说齐桓公因不能听管仲的话除掉易牙、开方，以至于临殁时饥渴了也得不到饮食，这就像晋安帝不小心用刘裕这样人，下场便是兄弟皆被毒害。又有一首说：

> 臣危①肆威暴，钦𫘧违帝旨。
> 窫窳强能变，祖江遂独死。

---

① 据丁福保本改定。

> 明明上天鉴，为恶不可履。
> 长枯固已剧，鵕鹗岂足恃？
>
> ——《读〈山海经〉》十三首，其十一

这故事是：臣危杀了窫窳，窫窳变成吃人的龙，臣危被缚；钦䲹杀了祖江，祖江不能变，死了，钦䲹变为鹗，和他一块行凶的鼓变为鵕。诗意是说被杀的有能变有不能变的，杀人的有得惩罚的，有暂时改头换面的，然而循环报复，保不定什么时候还是要被杀。这诗也是概括了陶渊明所身经的几次政变，认为"为恶"的终要得到报应。

他有些愤愤然。《咏荆轲》也可能是这时写：

> 燕丹善养士，志在报强嬴。
> 招集百夫良，岁暮得荆卿。
> 君子死知己，提剑出燕京。
> 素骥鸣广陌，慷慨送我行。
> 雄发指危冠，猛气冲长缨。
> 饮饯易水上，四座列群英。
> 渐离击悲筑，宋意唱高声。
> 萧萧哀风逝，淡淡寒波生。
> 商音更流涕，羽奏壮士惊。
> 心知去不归，且有后世名。
> 登车何时顾，飞盖入秦庭。
> 凌厉越万里，逶迤过千城。

> 图穷事自至,豪主正怔营。
> 惜哉剑术疏,奇功遂不成!
> 其人虽已没,千载有余情!

陶渊明对于秦始皇是在憎恶着,这里所谓"豪主",也就是《桃花源诗》中的"嬴氏乱天纪",他又每以避秦的四皓自居,我们想这除了以暴秦目刘裕是不可能有另外的解释了。

陶渊明大概这时很缅想像荆轲那样的壮士。当然,他也并不一定觉得非刺杀刘裕不可。但心里既不痛快,看见一些事又不顺眼,再结合着他自己少年时原也有些壮志豪情,自然就有这样创作了。在《拟古》诗中歌颂田子泰的一首也当是这样产生的:

> 辞家凤严驾,当往至[①]无终。
> 问君今何行?非商复非戎。
> 闻有田子泰,节义为士雄。
> 斯人久已死,乡里习其风。
> 生有高世名,既没传无穷。
> 不学狂驰子,直在百年中。

我们知道田子泰的事迹:他曾在董卓乱时为刘虞绕道到长安去向汉献帝陈忠;他曾不顾公孙瓒的威势而去哭刘虞(为公孙瓒所杀)之墓;他曾替曹操出计谋并当埋伏而取得对胡用兵的胜利;

---

① 各本作"志",据陶澍本校正。

他曾在北平徐无山中选择了一个深险平敞的地方躬耕，后来有五千多家去依附他，并在那地方做到了路不拾遗。① 就他的前二件事论，就是节义；就他后一件事论，就有点像《桃花源记》中的理想了。② 这样的人当然值得陶渊明歌颂。由于时事的刺激，他就更向往田子泰所在的徐无山了。

这就是陶渊明在再度改朝换代时的反应：他"触物皆非"想当夷齐；他感觉"吾生行归休"；他对于晋恭帝的被毒酒杀害，是同情到"流泪抱中叹，倾耳听司晨"；就这样的一个帝王的下场论，他想到"帝者慎用才"；就那些下毒手的人论，他觉得"为恶不可履"；就那些政争中的牺牲者论，他觉得"投义志攸希"，然而却不如不轻易参加其中的好；为了出一口气，为了痛快，他又想到像荆轲那样的人，并想到像田子泰所在的徐无山那样的地方。这就是那时的陶渊明。

他为表示对新朝的冷淡，他的诗文中从来没有用新朝的年号，他宁愿只题甲子，③ 而且他在入南朝宋后改了名，称作潜。④ 这些表示，在我们现在看来也许是很可笑的，然而对于自认为是"遗老"样的陶渊明，就是很自然的了。——真的，陶渊明是越来越有"遗老"的感觉了。

---

① 《魏志》，卷十一。

② 陈寅恪，《桃花源记旁证》。

③ 吴仁杰：《靖节先生年谱》元熙二年条："集中诗文，于晋年号或书或否，固不一概，卒无一字称宋永初以来年号者，此史氏所以著之也。"这是对于甲子问题的最清晰的说明。

④ 吴仁杰：《靖节先生年谱》元嘉三年条。

到了这一年冬天，江州刺史王弘送别庾登之还都，谢瞻还豫章，曾邀陶渊明作陪，陶渊明作有《于王抚军座送客》诗：

> 冬日凄且厉，百卉具已腓。
> 爰以履霜节，登高饯将归。
> 寒气冒山泽，游云倏无依。
> 洲渚思绵邈，风水互乖违。
> 瞻夕欣良宴，离言聿云悲。
> 晨鸟暮来还，悬车敛余晖。
> 逝止判殊路，旋驾怅迟迟。
> 目送回舟远，情随万化遗。

此中表明态度的是"逝止判殊路"一句，"逝止"在表面上是说走的和留的，实质上就是说去就的问题，这和《与殷晋安别》中的"语默自殊势，亦知当乖分"是同样的意思。不过现在既已易代，口气却要装作缓和些而已。为了"旋驾怅迟迟"还怕太明显，所以又加上末二句："目送回舟远，情随万化遗。"仿佛真是心里没有什么的了。谢瞻在这次宴别也作了诗，那就是《文选》中的《王抚军庾西阳集别时为豫章太守庾被征还东》：

> 只召旋北京，守官反南服。
> 方舟析旧知，对筵旷明牧。
> 举觞矜饮饯，指途念出宿。
> 来晨无定端，别晷有成速。

> 颓阳照通津,夕阴暧平陆。
> 榜人理行舻,辎轩命归仆。
> 分手东城闉,发櫂西江隩。
> 离会虽相亲,逝川岂往复?
> 谁谓情可书?尽言非尺牍。

这完全是一种正在得意时写就的官僚文学,表面堂皇典雅,内容是什么也没有的,比起陶渊明的诗来,那就愈显得"贫血"了。就在本年,谢瞻在郡病殁。

宋建国的第三年,亦即杀害零陵王的第二年,也就是永初三年壬戌(公元四二二年),刘裕病倒了。他临死时告诉太子说:"檀道济虽有干略而无远志,非如兄韶有难御之气也。徐羡之、傅亮当无异图。谢晦数从征伐,颇识机变,若有同异,必此人也。"这是他对他的人才的评论及防范。徐羡之、傅亮、谢晦、檀道济是同被顾命的四人。刘裕死时六十岁,陶渊明这时五十八了。

继刘裕而立的是他的太子刘义符,历史上称为宋少帝的。少帝立,景平元年癸亥(公元四二三年),陶渊明五十九岁。这时刘裕的第三子刘义隆(即宋文帝)为宜都王,在江陵。陶渊明的友人庞参军(并非故人庞通之)奉江州刺史王弘的命往江陵,陶渊明曾有赠答诗:

> 三复来贶,欲罢不能。自尔邻曲,冬春再交,款然良对,忽成旧游。俗谚云:数面成亲旧,况情过此者乎?人事好乖,便当语离,杨公所叹,岂惟常悲?吾抱疾多年,

不复为文，本既不丰，复老病继之。辄依《周礼》往复之义，且为别后相思之资。

> 相知何必旧？倾盖定前言。
> 有客赏我趣，每每顾林园。
> 谈谐无俗调，所说圣人篇。
> 或有数斗酒，闲饮自欢然。
> 我实幽居士，无复东西缘。
> 物新人惟旧，弱毫多所宣。
> 情通万里外，形迹滞江山。
> 君其爱体素，来会在何年？
>
> ——《答庞参军》

这是这年春天的事，到了冬天，庞参军又奉宜都王之命由江陵赴京路过浔阳，陶渊明又有赠答诗《答庞参军》一首：

> 庞为卫军参军，从江陵使上都，过浔阳，见赠。（按卫军即王弘，王弘进号卫将军在永初三年，亦即上一年，这也可证明该诗的年代。）

其一

> 衡门之下，有琴有书。
> 载弹载咏，爰得我娱。
> 岂无他好，乐是幽居。
> 朝为灌园，夕偃蓬庐。

其二

人之所宝，尚或未珍。
不有同好，云胡以亲？
我求良友，实觏怀人。
欢心孔洽，栋宇惟邻。

其三

伊余怀人，欣德孜孜。
我有旨酒，与汝乐之。
乃陈好言，乃著新诗。
一日不见，如何不思？

其四

嘉游未歝，誓将离分。
送尔于路，衔觞无欣。
依依旧楚，邈邈西云。
之子之远，良话曷闻。

其五

昔我云别，仓庚载鸣。
今也遇之，霰雪飘零。
大藩有命，作使上京。
岂忘宴安？王事靡宁。

其六

惨惨寒日,肃肃其风。
翩彼方舟,容与冲冲。
勖哉征人,在始思终。
敬兹良辰,以保尔躬!

"昔我云别,仓庚载鸣",正是上一次写诗赠答的时候。王弘是当时的一个要人,宜都王后来立为文帝,他又可能是参与机密的,① 所以这次庞参军往来于浔阳、江陵与京师之间,可能就与这事有关。饱经世变的陶渊明一则劝他"君其爱体素",再则劝他"以保尔躬",言外是政治上的玩火要小心呢。至于陶渊明自己的态度也有显明的表示:"我实幽居士,无复东西缘","岂无他好,乐是幽居",他和当时一些热衷的人更是划分了界限了。

他看到他的一些友人像羊松龄、殷景仁、周续之,以及这位庞参军等,统统是依附于新势力的,他却宁愿关心商山四皓的遗迹,他却宁愿自居为"江湖多贱贫",他却宁愿像许由样的住在颍水之滨,他却宁愿始终作一个"幽居士"。不但如此,他也希望他的友人能和他同调。这样的情感,也就是《停云》一诗所表现的:

(序)停云,思亲友也。樽湛新醪,园列初荣,愿言

---

① 陶澍《靖节年谱考异》元熙元年条:"王弘兄弟王昙首王华皆为宜都王参佐,后皆以定策功贵显。营阳之废,王弘亦至建康与谋。时众欲立豫州,而徐羡之以宜都有符瑞,宜承天统,此必王弘兄弟先使参军往来京都,与徐傅等深布诚款,故江陵符瑞得闻于中朝。……其后文帝讨徐傅谢之罪,而弘独蒙宠显,良有故矣。"

不从,叹息弥襟。

其一

霭霭停云,濛濛时雨。
八表同昏,平路伊阻。
静寄东轩,春醪独抚。
良朋悠邈,搔首延伫。

其二

停云霭霭,时雨濛濛。
八表同昏,平陆成江。
有酒有酒,闲饮东窗。
愿言怀人,舟车靡从。

其三

东园之树,枝条载荣。
竞用新好,以招余情。
人亦有言,日月于征。
安得促席,说彼平生?

其四

翩翩飞鸟,息我庭柯。
敛翮闲止,好声相和。
岂无他人,念子实多。

愿言不获，抱恨如何？

　　"竟用新好，以招余情"，宋人汤汉解作"谓相招以事新朝"，这是对的。陶渊明不但自己不愿应招，而且想劝那些人也回头，所以说，"安得促席，说彼平生"，"愿言不获，抱恨如何？"
　　陶渊明《拟古》诗中有两首，也表达了类似的情感：

其一
荣荣窗下兰，密密堂前柳。
初与君别时，不谓行当久。
出门万里客，中道逢嘉友。
未言心相醉，不在接杯酒。
兰枯柳亦衰，遂令此言负。
多谢诸少年，相知不忠厚。
意气倾人命，离隔复何有？

其三
仲春遘时雨，始雷发东隅。
众蛰各潜骇，草木纵横舒。
翩翩新来燕，双双入我庐。
先巢故尚在，相将还旧居。
自从分别来，门庭日荒芜。
我心固匪石，君情定何如？

"多谢诸少年，相知不忠厚"，这不宛然是对周续之那般人所说的"老夫有所爱，思与尔为邻。愿言诲诸子，从我颍水滨"么？"我心固匪石，君情定何如"，这不是说自己对他们的热情还是有的，就是不知道这些人能不能愿意和自己同调么？陶渊明心里是热的，可是周围是非常非常寂寞的，因为朋友们都一个一个离开他，去"易代随时"了！

少帝立了以后的第二年，即景平二年甲子（公元四二四年），刘裕次子刘义真（庐陵王）和谢灵运、颜延之交好，说"得志"后就要以颜、谢为宰相，这事深遭徐羡之等的忌恨，因为他们是立刘裕第三子刘义隆为天子的，于是刘义真被贬为庶人，谢灵运出为永嘉太守，颜延之出为始安太守。这件事也就是谢灵运在刘义隆立为文帝之后终于被杀的真正原因。颜延之则是幸亏自己儿子做了大官，才保全了首领。谢灵运到了永嘉，就产生了那些有名的山水诗。颜延之到始安，则经过浔阳，便又和陶渊明晤聚起来。这时陶渊明已经六十岁了。传说这次颜延之每天都去找他，每见必醉，临去的时候，还给陶渊明留下二万钱，但陶渊明就全部送给了酒家。① 因为颜延之这时也在失意，所以和陶渊明就更谈得上来了。

刘义隆的竞争者刘义真已被打倒，就在这年五月把少帝废为营阳王，六月把他打死。同月把刘义真也杀了。刘义隆八月到了建康，即位，这就是杀害了两个哥哥而立的宋文帝。景平二年到这时改为元嘉元年。在这一幕政变中，除徐羡之外，傅亮、王弘、

---

① 《宋书》，卷九十三，《隐逸传》。

檀道济、谢晦等都是重要人物。他们全加了官。就在这场统治阶级的内部斗争中，北方的敌人魏国便把势力扩张了，并向南方进行了侵略。

宋文帝既得帝位，现在也到了他表演"鸟尽废良弓"的时候了。在元嘉二年乙丑（公元四二五年），就已有布置。到元嘉三年丙寅（公元四二六年），便公布了徐羡之、傅亮、谢晦等杀营阳王、庐陵王的罪状。最终，徐羡之自杀，傅亮被诛，谢晦却想据江陵抵抗，但结果被檀道济打败，也被杀掉。其实徐羡之等那个政变的阴谋，宋文帝并非不知，甚而还是主动，不过杀他们灭口就是了。王弘是靠了随时退让，檀道济是靠了还能卖一点傻力气，所以才能保全（但他的保全还是暂时的）。谢晦的事解决，檀道济在这年的五月继王弘为江州刺史。

十 陶渊明的死

檀道济同样注意到浔阳有一位名人陶渊明。这时陶渊明六十二岁了,又老,又穷,又饿。檀道济去看他,他正病倒。檀道济劝他出仕,说:"贤者处世,天下无道则隐,有道则至。今子生文明之世,奈何自苦如此?"他答道:"潜也何敢望贤,志不及也!"①陶潜是陶渊明入宋以后所改的名字。他一切看透了,还出来做什么?檀道济又送他肉和米,他也拒绝了,没要。②这表明他晚年时的态度是更坚决了。

到了次年,即元嘉四年丁卯(公元四二七年),五月间,曾经有瘟疫流行。他的身体早已衰弱,到了九月就病殁了。他的友人颜延之给他作了诔文。其中说:"疢惟痁疾,视化如归。"多日之疟为"痁",大概他是死于恶性疟疾的吧。

陶渊明的死是异常从容的。他早写下了遗嘱,那就是《与子俨等疏》。其中说到自己的个性是"性刚才拙,与物多忤";说到自己的经历是"少而穷苦,每以家弊,东西游走";说到自己的得

---

① 萧统《陶渊明传》。
② 亦见萧统《陶渊明传》,但他叙述的次序误置在彭泽令前。

意生活是"少学琴书,偶爱闲静,开卷有得,便欣然忘食,见树木交荫,时鸟变声,亦复欢然有喜,常言五六月中,北窗下卧,遇凉风暂至,自谓是羲皇上人"——这确乎是他的理想,《桃花源记》不过是这个理想的扩大,他自己的生活也可说是实现了这个理想的一部分;最后,他说到对儿子们的希望,是"兄弟同居,至于没齿","七世同财,家人无怨色",那就是要维持一个几世同堂的封建大家庭,这正恰是代表他所爱的正统儒家的思想处。很旷达,也很有头巾气,这正是陶渊明!

遗嘱大概写在五十六岁以后,因为他已经提到"济北氾稚春,晋时操行人也",那就是晋亡以后了。他自五十岁以后就多病,病重时就写下这遗嘱。这样就可以解释其中"年过五十"的话了,虽然并不必因此就证明他只活了五十多岁。

明确地写在死的当时的是《挽歌诗》和《自祭文》。《挽歌诗》是这样:

其一

有生必有死,早终非命促。
昨暮同为人,今旦在鬼录。
魂气散何之,枯形寄空木。
娇儿索父啼,良友抚我哭。
得失不复知,是非安能觉?
千秋万岁后,谁知荣与辱?
但恨在世时,饮酒不得足!

其二

在昔无酒饮，今但湛空觞。
春醪生浮蚁，何时更能尝？
肴案盈我前，亲旧哭我傍。
欲语口无音，欲视眼无光。
昔在高堂寝，今宿荒草乡。
一朝出门去，归来良未央。

其三

荒草何茫茫，白杨亦萧萧。
严霜九月中，送我出远郊。
四面无人居，高坟正嶣峣。
马为仰天鸣，风为自萧条。
幽室一已闭，千年不复朝。
千年不复朝，贤达无奈何。
向来相送人，各自还其家。
亲戚或余悲，他人亦已歌。
死去何所道，托体同山阿！

《挽歌诗》写出"严霜九月中"，是和《自祭文》中写出的"律中无射"相符的。所以我们认为两首是同时作。《挽歌诗》中表现了他最后的诙谐，即"但恨在世时，饮酒不得足"，同时也表现了他思想上最后已是一个彻底的唯物论者，"死去何所道，托体同山阿！"比《形影神》诗的写作时更进了一步。在《自祭文》中则总结了他的贫困的一生："自余为人，逢运之贫"，"人生实难，死如之何！"这说明他的生活是有踏踏实实的内容的，他的作品正是这些生活的踏踏实实的反映。

性刚才拙的他，倔强的他，最后对死是在轻蔑着。

依照了他的嘱咐，他的葬礼是在单纯朴素中举行，正如他所经历的、所爱好的单纯朴素的一生。

十一　尾声

和他有关系的几个人物后来的情形是这样：做江州刺史最久的王弘是在他死后五年就死去了；和他同时的然而年轻些的诗人谢灵运则在他死后六年被杀；那个给宋文帝卖过力气当时没有被诛的檀道济在他死后九年终于因功高被诛死；给他写诔文的颜延之则是长寿的，在他死后又活了二十九年。

陶渊明在生前虽然是有些寂寞的，但在他死后七八十年就得到了一个极其热心的宣扬者，这就是昭明太子萧统（公元五〇一到五三一年）。给他编了集子——据说这是中国诗人的第一个专集，给他写了传记，在《文选》中并选入了他的九篇诗文。此后不到二十年，陶集的爱好已经越过了国界，北齐也有了阳休之的编订本。后来几乎所有的诗人都歌咏到他。对于他的诗文的研究，宋元以来尤盛，在中国所有诗人中，注释家之多，恐怕除了杜甫之外，是没有人可以和他相比的了——这说明人们对陶渊明的重视和敬仰。

一九五二年十月八日写毕

陶渊明论

一 论陶渊明的政治态度

自来论陶渊明的人大概分成极端的两派：一派是认为陶渊明的诗是"忠愤"，这方面的代表就是宋汤汉、明黄文焕，他们觉得他是晋室的忠实奴仆；一派是认为陶渊明超然于当时的政争，这方面的代表可推宋辛弃疾、近人梁启超。辛弃疾在词中曾这样称赞陶渊明："都无晋宋之间事，自是羲皇以上人。"梁启超曾说："若说所争在什么姓司马的姓刘的，未免把他看小了。"

我们认为这两派的观点都是不对的。从陶渊明所佩服的先辈陶侃和孟嘉看，陶侃几乎篡位，孟嘉则依附"叛逆"的桓温，陶渊明不会对晋室效什么愚忠。东晋最末一个皇帝——恭帝——在被逼着禅位给刘裕时，已经说二十年经过桓玄政变，"天命已改"，晋在当时实在只是一个空名，陶渊明犯不着为晋亡惋惜。刘裕之篡晋，也不过如桓玄、桓温、苏峻、王敦，甚而陶侃所企求的，在陶渊明看也应该没有什么惊异的感觉。所以，说不上什么"忠愤"。这些人所以这样讲，这完全是拿后世的人对于一般的改朝换代应有的反应去看陶渊明，殊不知晋时看篡位已看惯了。就陶渊明说，他已经过了四个朝代，晋改为楚，楚又改为晋，晋再改为宋。要他忠，他实在无从忠起。

然而如果认为陶渊明毫不关心时事，是那么超然，这同样不合事实。萧统称赞陶渊明的诗的两个优点之一即"语时事则直而可想"。萧统离陶渊明年代较近，对其中所指的时事比我们了然得多，所以才有这话，正如我们现在年纪较大的人读鲁迅的杂感就容易知道其中所指的事实一样。钟嵘《诗品》称陶渊明的诗，"其源出于应璩"，这话很多人不了解。其实就现存的应璩的《百一诗》看来，正是因为《百一诗》讽时，也就正是萧统所谓"语时事则直而可想"的意思。用我们现在的话讲，就是说其中有一些现实主义的成分，在一定程度上反映或暴露了当时的一些政治事件。

事实上陶渊明的政治苦闷是有的。他自己虽然不是出身名族，因为如果陶侃是他的曾祖，陶侃已经是出身寒微，被人骂为"溪狗"的人，况且陶渊明还未必是他的曾孙，再看陶渊明仕宦之迟（二十九岁才初仕）、仕宦之难（一个"彭泽令"还曾"求之靡途"），都见他不能与当时的王、谢比，然而由于风习和教养，他的诗文中是清楚地反映了没落的士族意识的。他不满意当代而"慨想黄虞"，"遥遥望白云，怀古一何深"，于田舍怀古，又"自谓是羲皇上人"了。他觉得各处都不对劲儿，"人乖运见疏"，"履运增慨然"，"咄咄俗中恶，且当从黄绮"，"摆落悠悠谈，请从余所之"，在这些诗句中都充分地表现了他的没落的情感。他对于当时在仕宦中得意的人总是不满的，或则说"良才不隐世，江湖多贱贫"，或则说"愿言诲诸子，从我颍水滨"，或则说"愿言不获，抱恨如何"，甚而说什么"语默自殊势，亦知当乖分"，"纡辔诚可学，违己讵非迷，且共欢此饮，吾驾不可回"，这都见出他的政治苦闷来。

在他所经历的几度政变中，有没有表现他对晋室的留恋呢？

虽不能说绝对没有，但总是在情感上很稀薄的。晋末两个皇帝遭刘裕毒手，陶渊明的同情是有的，他有一些激昂的愤慨也是真的。《述酒》诗就是证明。然而他并非觉得非殉难不可。《咏三良》便可见出他的态度："忠情谬获露，遂为君所私。"有那种机缘，自然应该"投义志攸希"，否则是认为大可不必了。他对于刘裕的态度是反对的，这也很明显，因为他讥讽过给刘裕做参军的殷景仁，他向羊松龄表示过虽然也有兴趣于刘裕的"九域甫已一"的功劳，然而他更关心的是那几个逃避暴秦（这里应该读暴刘）的古人，"路若经商山，为我少踌躇。多谢绮与角，精爽今何如"。那么，他在身经三个政权中比较有好感的是哪一个呢？在我们看，倒是桓玄。这是从这些事实看出来的：他给外祖写了详细的歌颂的传记，而他的外祖正是桓玄的父亲桓温的长史，也陪着桓温入了《叛逆传》的；他自己到过江陵，参加过桓玄的政权；他有十二年的仕宦与耕田的矛盾生活，然而在桓玄失败的次年，矛盾消除了，再也不出仕了；桓玄也是一个自然主义者，他曾和慧远辩难，而陶渊明写过《形影神》一诗，基本上是支持了桓玄的论点，这说明他们思想上的一致；他作过"种桑长江边，三年望当采……本不植高原，今日复何悔"的诗，除了惋惜桓玄是很少有其他可能的；况且，我们还可以这样来想象当时的情况：晋室是已经不行了，刘裕是一个为当时士大夫阶级所瞧不起的老粗，那么，曾经厚待过文人并且事实上也曾为文人所视为中心的桓氏，兼之桓玄本人也是一个善清谈、能文章、酷爱书法名画的才士，以具有没落的士族意识的陶渊明选择其间，倾向桓氏而无视晋室和鄙夷刘裕，还不是再自然也没有的么？

桓玄失败了，这就是陶渊明写《归去来兮辞》的真正的政治上的原因。这也就是陶渊明后半生有二十二年的躬耕生活的真正的政治上的原因。

陶渊明对于当时统治阶级的内部斗争的关系就是如此。陶渊明对于披着天师道的宗教外衣而实质上是农民起义的孙恩、卢循、徐道覆等战役的态度是怎样呢？他似乎曾参加过刘牢之镇压孙恩之乱的战争，这就是在"在昔曾远游，直至东海隅"一诗里所透露的。他说"此行谁使然？似为饥所驱"，又说"恐此非名计，息驾归闲居"，这一方面表现他由于阶级出身的限制不能对农民起义的意义有充分的理解，但另一方面也表现他并不以刘牢之、刘裕等的对老百姓蹂躏的行为为然。他的内心是多少有些波动的。这也正是像他那样的阶级的人而又多少有一点正义感者所应该表现的。

至于陶渊明对于一般的农民的态度是怎样呢？我们认为他在自己劳动生活的体会中，最初距离是大的，后来却慢慢缩短。例如他在三十九岁所写的诗中还是"解颜劝农人"，还是"顾尔俦列，能不怀愧"，很有些教训农民的味道；在他四十一岁所写的文章中还是"农人告余以春及，将有事于西畴"，是一种旁观的地主的神气；然而在他四十二岁以后，即写过《归去来兮辞》以后，认真地过一种农民生活的时候，就"相见无杂言，但道桑麻长"，"晨兴理荒秽，带月荷锄归"了；在他四十六岁时，由于过着那种"晨出肆微勤，日入负耒还"的实际劳动的生活，于是感到"田家岂不苦？弗获辞此难"了；到了他五十二岁，更体会到"饥者欢初饱，束带候鸣鸡"；最后，到了晚年，他总结了他一生是"弱年逢家乏，老至更长饥"；他的死是结束在"勤靡余劳，心有常闲……人生实难，死如之何"之中。——由于贫困，对于一切贫困者有了同情，他模模糊糊体会到了自从阶级社会产生之后，就有了被剥削的穷人，"重华去我久，贫士世相寻"了。自然，他首先感到的是贫穷知识分子，因为他自己是一个贫穷知识分子。自然，他只是感到，充其量，是把这个事实说出来；再充其量，是缅怀那个还没有这种现象产生的社会——"慨想黄虞"，"羲皇上人"，"无怀氏之民"，"仰想东户时，余粮宿中田"，以及"乃不知有汉，无论魏晋"的一个桃花源，在那里是"秋熟靡王税"，没有剥削的，然而"俎豆犹古法，衣裳无新制"没有问题，却也是只在古代！

就他不能看到未来论，就他不能理直气壮地看到农民的力量论，就他不能十分重视当时的农民起义论，就他不能分别地对待刘裕在北伐上的贡献和刘裕取得政权的方式的卑劣论，陶渊明是有他阶级的限制的。然而就他体会了饥饿和劳动的生活论，就他看出了封建剥削社会的不合理，同时又有一个没有封建剥削的理想社会制度论（"仰想东户时，余粮宿中田"；"春蚕收长丝，秋熟靡王税"），就他不能心安理得地跟随刘牢之、刘裕去镇压农民的起义论，就他一旦有一部分觉悟再不愿意给统治者作帮凶的官吏，而宁愿自己劳动，同一般贫苦的农民过同样的生活论，他的思想情感是有极大部分反映了被压迫的劳动人民的思想感情的。——也就是在这一点上，他不但不像司马相如那样做统治阶级的阿谀者，而且他也不单纯是一个经过改朝换代后的一个愚忠的遗老之流，他却有很多部分是人民的代言人。在中国所有的诗人中，像他这样体会劳动，在劳动中实践的人，还不容易找出第二人。因此，他终于是杰出的、伟大的了。

从上面我们可以看到,他和农民的距离是由大而小。这和他的阶级升降也不无相关。他的出身可说是一个没落的官僚地主家庭。祖父曾是武昌太守,父亲却似乎已经没有什么官职(姿城或安城太守之说并不可靠)。他初仕时说"投耒去学仕",那时他二十九岁;始作镇军参军时说"暂与园田疏",那时他三十五六岁。可见他本来已经在过田园生活。问题是:他是地主呢,还是农民?是大地主还是中小地主?我们从他四十二岁《归田园居》的诗中"方宅十余亩,草屋八九间"看,住宅已占地十余亩,耕地面积当不止此,所以那时应该起码是一个中等地主的光景。但他晚年家里着了一把火,就要住在船上过一个时候,新居的狭小竟是"敝庐何必广,取足敝床席",而他自己体会到"饥者欢初饱",以及那些"田家岂不苦""四体诚乃疲""日入负耒还"等话看来,可见他又是参加大部分劳动的,再证之以颜延之说他"居无仆妾"(这也是晚年的光景,因为颜延之与他相识在晚年,而他在《归去来兮辞》创作的时候还是"僮仆欢迎"呢),更可见他晚年是愈接近于一个农民的生活了。这阶级生活的变动,就不可避免地影响了他的思想情感的变化。这不但表现在他的政治态度上了,也还表现在他的思想态度上。

二　论陶渊明的思想态度

陶渊明的思想也是变化地发展着的。

陶渊明早年所受的教育，没有疑问是儒家。"少年罕人事，游好在六经，行行向不惑，淹留遂无成。"这是他的自白。大抵一直到他四十一二岁以前，他的儒家思想是正浓厚的时期。作在他四十岁的《荣木》一诗，序中也写道："总角闻道，白首无成。"而诗中则说："先师遗训，余岂云坠。四十无闻，其不足畏。脂我名车，策我名骥。千里虽遥，孰敢不至。"可见他学道——儒家的道——的决心和勇气还是十分健旺。

因为儒家思想是他早年所受的基本教育，所以对他的印象特别深，影响特别大。我们看他念念不忘于先师、圣人和六经：

先师有遗训，忧道不忧贫。
　　　　　　——《癸卯岁始春怀古田舍》二首，其二

谈谐无俗调，所说圣人篇。
　　　　　　——《答庞参军》

奉上天之成命，师圣人之遗书。

——《感士不遇赋》

孔耽道德，樊须是鄙。
董乐琴书，田园不履。
若能超然，投迹高轨。
敢不敛衽，敬赞德美？

——《劝农》

羲农去我久，举世少复真。
汲汲鲁中叟，弥缝使其淳。
凤鸟虽不至，礼乐暂得新。
洙泗辍微响，漂流逮狂秦。
诗书复何罪？一朝成灰尘。
区区诸老翁，为事诚殷勤。
如何绝世下，六籍无一亲？

——《饮酒》二十首，其二十

很多儒家的思想已化成他自己的语言，例如："斯滥岂攸志，固穷夙所归"，"岂忘袭轻裘，苟得非所钦"，"闲居非陈厄，窃有愠见言。何以慰吾怀，赖古多此贤"，他已经把儒家经典的语汇变成自己的诗的语言了。

正是由于他热爱儒家思想，所以他瞧不起那些表面提倡经学而行为不配推崇儒家的人，他讽刺周续之等依附军阀讲经："马队非讲肆，校书亦已勤。"

正是由于他的儒家思想，才排拒了当时莲社一般人的佛教思想。他答复刘遗民的话是："山泽久见招，胡事乃踌躇？直为亲旧故，未忍言索居。"他怀疑如果参加这一般不作"世上语"的人的集团会不会受骗："厌闻世上语，结友到临淄，稷下多谈士，指彼决吾疑。装束既有日，已与家人辞，行行停出门，还坐更自思。不畏道里长，但畏人我欺，万一不合意，永为世笑嗤。"他正式地和莲社的领袖在思想上开火，那就是《形影神》三诗，虽然写那诗的时候思想已入于晚年而又不止儒家立场了。

是儒家思想坚强地支持了他的安贫乐道，像他说："安贫守贱者，自古有黔娄。……从来将千载，未复见斯俦。朝与仁义生，夕死复何求！"再如他屡次提到的固穷节，"历览千载书，时时见遗烈。高操非所攀，谬得固穷节"，"不赖固穷节，百世当谁传"，"竟抱固穷节，饥寒饱所更"，"谁云固穷难，邈哉此前修"，"宁固穷以济意，不委曲而累己"，这统统是由儒家所说的"君子固穷"这观念出发的。他曾说："贫富常交战，道胜无戚颜。"这帮助他取得了胜利的"道"正是儒家思想。儒家思想使他的坚强的人格更多了一分色泽，也更多了一番光彩。

正是由于儒家思想，使陶渊明浓厚地表现了封建社会中家人父子的伦理感情。像他对刘遗民所说的："直为亲旧故，未忍言索居。"一直到他晚年，他也仍然说："丈夫志四海，我愿不知老。亲戚共一处，子孙还相保。"他在外飘荡太久了，他急于回家的主要理由便是："一欣侍温颜，再喜见友于。"他对于父母、亲旧、兄弟的感情是如此。他对于孩子的情感那就更超乎此。像他为儿子写了《命子》诗、《责子》诗，还写了《与子俨等疏》。他把子女对自己的安慰看作高于一切，"弱子戏我侧，学语未成音。此事真复乐，聊用忘华簪"。后来的大诗人杜甫笑他："陶潜避俗翁，未必能达道……有子贤与愚，何其挂怀抱。"我们在这里不想反讥杜甫也同样是对自己的孩子"挂怀抱"的，但我们却要指出陶渊明对子女的情感是非常突出的。我们试看他《归去来兮辞》中说的他回家的情景，"稚子候门"，"携幼入室，有酒盈樽"。再看他《酬刘柴桑》诗中说的："今我不为乐，知有来岁不？命室携童弱，良日登远游。"可见他一回家，就一定是为孩子们包围着，一片欢笑声；他一出门，就一定是大的小的都跟随着他。

正是由于他是一个具有浓厚的儒家思想的诗人，能够写出儒家所称赞的封建社会道德和封建社会情感，所以他博得了宋代理学家像朱熹、真德秀等人的喝彩。陶渊明在中国诗人中的地位，自宋以后愈来愈高，和那些理学家的赞扬、宣传正是分不开的。

同时，正是因为他是有浓厚的儒家思想的人，他在诗文中表现的封建地主的意识形态处也就十分显著。像他在《赠长沙公》一诗里所表现的对于他这一大家族的情感，什么"于穆令族""实宗之光"等等；像他在《命子》诗里所表现的历叙他的祖上的大官厚爵，以及他如何因为"三千之罪，无后为急"而盼着生子，又如何在生子之后希望自己的儿子承继先祖的光荣；像他在《感士不遇赋》里所写的"原百行之攸贵，莫为善之可娱。奉上天之成命，师圣人之遗书。发忠孝于君亲，生信义于乡闾"；像他在《咏三良》里所表现的"厚恩固难忘，君命安可违"；像他在《拟古》里所表现的"闻有田子泰，节义为士雄"；以及《劝农》诗中所表现的"矧兹众庶""顾尔俦列",都有俨然在人民头上而服服帖帖、死心塌地维护封建统治者的意味在。这是陶渊明虽然被从前的人称为旷达而我们现在看起来就有时不免有一种酸气扑鼻的头巾气的感觉的缘故,但这也是陶渊明在过去封建主义社会中特别被看重的一个缘故。我们现在也仍然看重陶渊明,但根据不在这里了。

陶渊明的儒家思想的来源是怎样呢?我们觉得可从三方面说明:一是时代,二是地域,三是家学。在时代上,东晋、西晋的风气原已有些差异,后人一概称为魏晋,那是不对的,大概东晋的人物比较严肃,因为北方国土尽失,便时常有一种哀愤的情感,也有一种事业心,同时又比较切实际些。《世说新语·言语》篇:

> 王中郎甚爱张天锡,问之曰:"卿观过江诸人,经纬江左,轨辙有何伟异?后来之彦,复何如中原?"张曰:"研求幽邃,自王、何以还;因时修制,荀、乐之风。"

又《世说新语·政事》篇:

> 王、刘与林公共看何骠骑,骠骑看文书,不顾之。王谓何曰:"我今故与林公来相看,望卿摆拨常务,应对玄言,那得方低头看此邪?"何曰:"我不看此,卿等何以得存?"诸人以为佳。
>
> ……
>
> 殷仲堪当之荆州,王东亭问曰:"德以居全为称,仁以不害物为名。方今宰牧华夏,处杀戮之职,与本

操将不乖乎?"殷答曰:"皋陶造刑辟之制,不为不贤,孔丘居司寇之任,未为不仁!"

这种严肃而负责任的态度和西晋是十分不同了。同时对于魏和西晋时的清谈放诞人物也大多有所批判,例如范宁就曾说王弼、何晏之罪深于桀纣,别人问他什么理由,他答道:"王何蔑弃典文,幽沈仁义,游辞浮说,波荡后生,使搢绅之徒,翻然改辙,以至礼坏乐崩,中原倾覆,遗风余俗,至今为患。桀纣纵暴一时,适足以丧身覆国,为后世戒,岂能回百姓之视听哉?故吾以为一世之祸轻,历代之患重,自丧之恶小,迷众之罪大也。"桓温北伐时,也曾望中原叹道:"遂使神州陆沉,百年丘墟,王夷甫诸人不得不任其责!"在这种风气下,有利于典章制度、经济事功的儒学当然被尊重了。自然,社会上的风气在最初扭转时不免有些阻力,例如咸康三年(公元三三七年,陶渊明出生前近三十年),国子祭酒袁瓌、太常冯怀要兴学校,立太学,可是到"征集生徒"了,由于"士大夫习尚老庄",结果"儒术终不振"。但这是必经的过程。在宁康三年(公元三七五年,时陶渊明十一岁),就"祠孔子,以颜回配"了;在太元九年(公元三八四年,时陶渊明二十岁),就"增置太学生百人"了。这也就是陶渊明的时代。他推崇儒家,他不至于像阮籍那样放诞,我们在时代的风气中可以得到的解释就是如此。再说地域,东晋时范宣家于豫章,他极力提倡儒学,他虽然未尝不读老庄,但口里从来不谈。画家戴逵等便曾来听他讲学,历史上说:"讽诵之声,有若齐鲁。"还有前面提到的范宁,曾为豫章太守,他也设立学校,提倡儒学。历史上总结"二范"的成绩道："由是江州人士，并好经学，化二范之风也。"可知当时的江州就是一个儒学中心。陶渊明正是这一地域的人。而他们所处的时代也正是陶渊明的时代。这是从地域上可说明陶渊明的儒学的渊源的。最后说家学。自然，陶渊明的祖父、父亲对于经学如何，我们是不知道的。然而他的外祖孟嘉的弟弟孟陋却是一个儒学专家，"长于三礼"，并著有《论语注》行于世。从时代、地域、家学上看，陶渊明"游好在六经""总角闻道"，就一点也不奇怪了。从前人所指为伪托的《五孝传》《圣贤群辅录》，有可能是出自陶渊明之手，而北齐阳休之编入陶集也未必是根据毫无的了。

然而话要说回来，陶渊明究竟是一个生长在长期"习尚老庄"而风气在向崇尚儒术转变着的时代的人物，所以也就不可能在他的思想中没有道家的成分，明显的是关于社会理想方面、关于生死的看法方面，他是采取道家的看法的。更确切地说，他不只是采取了老庄的思想，而且更多地吸取了当时新的道家——那就是表现在受了印度佛教的启发而产生的《列子》中的——思想。就陶渊明的思想发展说，这个色彩以他晚年时——四十一岁归耕后——为最明显。

先说陶渊明的社会理想。他是向往于《桃花源记》所说的那个没有剥削的原始公社式的社会的。在这里，"春蚕收长丝，秋熟靡王税"，"荒路暧交通，鸡犬互鸣吠"，"俎豆犹古法，衣裳无新制"，"怡然有余乐，于何劳智慧"。这不正是《老子》上所说的"小国寡民"的生活么："使有什佰之器而不用，使民重死而不远徙，虽有舟舆无所乘之，虽有甲兵无所陈之，使民复结绳而用之，甘其食,美其服,安其居,乐其俗,邻国相望,鸡犬之声相闻,民至老死不相往来。"《庄子·马蹄》中的社会理想也是"夫赫胥氏之时,民居不知所为,行不知所之,含哺而熙,鼓腹而游"。而陶渊明正有诗道:"仰想东户时,余粮宿中田。鼓腹无所思,朝起暮归眠。"《庄子·秋水》上又说:"当尧舜而天下无穷人。"陶渊明便也慨叹道:"重华去我久,贫士世相寻。"同时陶渊明所理想的桃花源尤像《列子·黄帝》所说黄帝梦游的华胥国:"其国无帅长,自然而已;其民无嗜欲,自然而已。"桃花源社会的最大特点之一也便是无帅长,也就是后来王安石在《桃源行》中所指出的"虽有父子无君臣"。那种"怡然有余乐"的生活也只有"无嗜欲"才能达到。总之,陶渊明的社会理想,除了由于他身受的刺激以及现实中的类似的实境作为他的创作张本外,《老庄》及伪《列子》书中的描写便也是一个重要来源。这种理想是农村经济中小生产者的思想反映,如果产生在资本主义已经起来的时代,那无疑是反动的、倒退的,然而它是产生在封建社会阶级矛盾剧烈,而生产力一时又没有很大的改变的时代,它在一定程度上是反映农民的反对剥削、反对兼并、反对专制的思想的。"迎闯王,不纳粮",还不是"秋熟靡王税"的要求的同义语么?只是由于阶级的限制,陶渊明不能理解到要做到"秋熟靡王税"不能只凭空想,而是要经过斗争——随闯王!

现在我们说到陶渊明关于生死的看法。他对于生死没有看作神秘,而是看作自然现象。在这点上,他是表现了一个唯物论的思想家的精神的。他常说"化":

迁化或夷险，肆志无窊隆。
——《五月旦作和戴主簿》

形骸久已化，心在复何言？
——《连雨独饮》

目送回舟远，情随万化遗。
——《于王抚军座送客》

穷通靡攸虑，憔悴由化迁。
——《岁暮和张常侍》

翳然乘化去，终天不复形。
——《悲从弟仲德》

聊且凭化迁，终返班生庐！
——《始作镇军参军经曲阿作》

家养千金躯，临化消其宝。
——《饮酒》二十首，其十一

聊乘化以归尽，乐夫天命复奚疑。
——《归去来兮辞》

余今斯化，可以无恨。
——《自祭文》

从上文见出，他所谓"化"，就是自然物质的变化，死也是一种自然现象，所以称死也是"化"。这种思想和用语是来自庄子。《庄子·大宗师》篇：子祀、子舆、子犁、子来相与为友，以生死存亡为一体，把疾病看作不过是自然的变化，把残废也当作自然现象而不以为苦，"浸假而化予之左臂以为鸡，予因以求时夜；浸假而化予之右臂以为弹，予因以求鸮炙；浸假而化予之尻以为轮，以神为马，予因以乘之，岂更驾哉"。《庄子·至乐》篇那个生了瘤的滑介叔也持同样态度："死生为昼夜，且吾与子观化，而化及我，我又何恶焉？""观化"就是观自然界的变化，"化及我"就是自己也是自然变化的一部分。陶渊明是同样认为"草木得常理，霜露荣悴之"，"死去何所道，托体同山阿"的。这也就是他乘化归尽、乐天知命的根由。但是陶渊明又不止说"化"，而且说"大化""幻化"：

纵浪大化中，不喜亦不惧。

——《形影神》

常恐大化尽，气力不及衰。

——《还旧居》

人生似幻化，终当归空无。

——《归园田居》

流幻百年中，寒暑日相推。

——《还旧居》

"大化""幻化"却是伪《列子》中的用语。《列子·天瑞》篇："人自生至终，大化有四：婴孩也，少壮也，老耄也，死亡也。"《列子·周穆王》篇："有生之气，有形之状，尽幻也。造化之所始，阴阳之所变者谓之生，谓之死。穷数达变，因形移易者谓之化，谓之幻。""幻化"合称是伪《列子》产生时代的语汇。"幻化"出自佛经，有所谓幻化人，即指变戏法的人。伪《列子》即产生在东、西晋之交，这恰是陶渊明最新的读物，受到其中影响是自然的。在唯物论的色彩上，伪《列子》较老庄为彻底。庄子虽然讲"化"，讲生死为一贯，还有些泛神论的思想。"化"的背后还有一个无人格的神。伪《列子》则不然，它的作者认为："生者理之必终者也，终者不得不终，亦如生者之不得不生。……精神者天之分，骨骸者地之分，属天清而散，属地浊而聚。精神离形，各归其真，故谓之鬼，鬼归也，归其真宅。"（《列子·天瑞》）这里的天地完全是物质的意义。这样我们才可以理解陶渊明在《自祭文》中说，"陶子将辞逆旅之馆，永归于本宅"，"本宅"就是真宅；我们才可以理解他的《挽歌诗》最后两句话："死去何所道，托体同山阿"，因为骨骸原是属于地啊！

我们敢说在关于生死的看法上，陶渊明是基本上采取老庄的，尤其是采取新出的伪《列子》的（观点）。伪《列子》有很多话，特别是《杨朱》，我们几乎能在陶渊明的诗里找出同样意义的诗的表现。例如：

《列子·杨朱》：万物所异者生也，所同者死也。生则有贤愚贵贱，是所异也，死则有臭腐消灭，是所同也。

> 老少同一死，贤愚无复数。
> ——《形影神》

《列子·杨朱》：且趣当生，奚遑死后？

> 且极今朝乐，明日非所求？
> ——《游斜川》
>
> 今我不为乐，知有来岁不？
> ——《酬刘柴桑》
>
> 千载非所知，聊以永今朝！
> ——《己酉岁九月九日》

《列子·杨朱》：理无不死……理无久生……百年犹厌其多，况久生之苦也乎？

> 有生必有死，早终非命促。
> ——《挽歌诗》
>
> 我无腾化术，必尔不复疑。
> ——《形影神》
>
> 运生会归尽，终古谓之然。世间有松乔，于今定何间？
> ——《连雨独饮》

人生实难，死如之何！

——《自祭文》

　　其实这也没有什么奇怪的，因为伪《列子》产生的时代和陶渊明相去并不远，而且有许多现实基础是相同的，自然表现出来就这样一致了。

　　陶渊明既然有儒家思想，又有道家思想，二者应该有汇合点。事实上，也正是这样。陶渊明的基本教育虽是儒家，但他经过老庄、伪《列子》的思想的吸取，已逐渐把儒家来一个道家化。例如他所了解的孔子乃是"羲农去我久，举世少复真。汲汲鲁中叟，弥缝使其淳"，那么孔子就变成一个一心一意要实现桃花源的乌托邦的人物了。陶渊明也每说六经，也每说圣人篇，然而慢慢他在其中所向往的人物乃是沮溺了："遥遥沮溺心，千载乃相关。"沮溺已不是儒家，而是记载在儒家书里的老庄式的人物。

　　我们认为陶渊明的思想是经过一种发展的。现在明显地表现在诗里的，可举出两个证据：一是他本来说"少年罕人事，游好在六经，行行向不惑，淹留遂无成"，明明说"淹留"是他在儒家思想上没有成就的根源的，这诗当作于三十八九岁；但是他后来却写诗道"栖迟固多娱，淹留岂无成"，这句见于《九日闲居》，因为其中有"空视时运倾"的话，可能是在刘裕禅代后作，那就是在五十六岁以后了，却认"淹留"也可以有成。这其间的确有个差异。其次是他又有那么几句诗——"历览千载书，时时见遗烈。高操非所攀，谬得固穷节。平津苟不由，栖迟讵为拙。"这诗作于三十九岁，见出他既不能如公孙弘样的得意，便退而为"栖迟"的隐士，这时虽还不是他最后的态度，然而已经见出矛盾和转变之迹了。再证之以他那成熟的社会理想大约形成在刘裕北伐之后，即在他五十三岁以后，更可见他晚年是逐渐走向道家的。

　　我们总起来可以这样说：儒家思想让他有一种操守，给他的躬耕生活以一种安贫乐道的坚强支持，同时限制了他和农民距离的真正缩短，于是有时表现而为一种没落的地主官僚式的情感；道家思想却使他有一种原始公社式的社会制度理想，再结合着他自身经历的饥寒困苦，便反映了当时一般农民的一部分痛苦，同时也使他对生死有了明确的看法，使他接近于唯物论思想。他推崇儒家，也不排斥道家，后来又结合为一，这就形成了他自己的独特的思想面目。至于佛家的思想，神仙家的思想，放诞的思想，在他却是无缘的。

一九五二年十月十七日

附录

我所了解的陶渊明[①]

　　陶渊明的诗，陶渊明的菊花，陶渊明的酒，陶渊明的桃源，使人天天在脑子里浮现着，我们甚至于会无意地冲口而出。我们对他这样熟悉，这样不忘，我们应该了解他。如果不了解他，我们越崇拜他，越敬爱他，就是越对不起他。陶渊明在专制时代的人的心目中，曾是个耻事二姓的忠实的奴隶；在刚革命的时候，又有人认为他是太自私、太不负责、太不热心的标本，甚而有人说，如果人人是陶渊明，天下便完了，这都是反面的。在正面，便有人送上个闲适啦、淡远啦、孤洁啦、田园诗人啦、平民诗人啦之类的头衔，这完全是侮蔑。至于胡适之先生在《白话文学史》中，说他是自然主义哲学的绝佳代表，梁任公先生在《陶渊明》中，说他的人生观，可以拿两个字来包括：自然。梁先生又说想觑出陶渊明整个人格，要：第一，须知他是一位极热烈、极有豪气的人；第二，须知他是一位缠绵悱恻最多情的人；第三，须知他是一位极严正——道德责任心极重的人。我认为这些说法也不

[①] 该文发表于《清华周刊》第三十九卷第五、六期合刊（一九三三年四月）。署名李长之。

过还是门面话。自来论到陶渊明的人，或者只谈了对他的诗之片面印象，没剖析到里边去；或者只注意了诗人的某一阶段的思想情绪，而忘记了诗人的情绪思想是发展的。而这发展之中，又有一个做了基础的不变的统一的特性，所以我倒以为陶渊明是"生命力极强"的人，他自己"性刚才拙"（见《与子俨等疏》），"才拙"是谦辞，"性刚"正是实话。生命力极强的人是如何的呢？便对生命极爱惜，对人生的追求极热烈。陶渊明正是如此，萧统所谓"亲己之切，无重于身"，这说得很贴切；而他在诗中叙少年时的壮志都是对人生热烈追求的自由。在极热烈地追求人生之际，又极其爱惜生命之际，却发觉了一件如何也冲不过的东西，便是：死。"死"这个观念，是做了陶渊明"人生态度的转变的枢纽"。他为什么发觉这件东西？这不能不说还是由于他的热烈追求人生，因为热烈的追求，便非常地彻底起来。这彻底的结果，自然发觉一切都是物质的，在变的，人也不能例外，所以死是逃不掉的。陶渊明的重视死，是很被忽略的，只有鲁迅在《而已集》一篇《魏晋风度及文章与药及酒之关系》讲稿中，说他"也不能忘掉'死'，这是他诗文中时时提起的"。虽然时时提起，一般人却偏当作没看见。自陶渊明被死的观念袭击之后，他便是在如何地求忘掉这个幻灭的痛苦，以及如何求忘掉从前热烈的追求，又如何地求在一切幻灭之后，还有没有不幻灭的东西可以把握中求索。他的诗篇篇有酒，无非是"且极今朝乐，明日非所求"的悲哀，但他终于找到了一件可宝贵的东西，便是：爱。他说"直为亲旧故，未忍言索居"，又说"一欣侍温颜，再喜见友于"，这才是他最所宝贵的。在他没发觉死是逃不掉的这个观念以前，他追求的是事业，在他发觉以后，便只剩下"爱"了，其余的东西，他一概否认，一概放弃。他不信天道，说"天道幽且远，鬼神茫昧然"；他不信卫生，说"存生不可言，卫生每苦拙"；他认识事业的幻灭，说"鼎鼎百年内，持此欲何成"，"此"字指身体，指生；他也看出神仙的骗人，说"即事如已高，何必升华嵩"。他既是否认一切，也放弃一切，如果再说他对朝代的更替有什么关心，那真是神经过敏了。还是词人辛弃疾说得对，"都无晋宋之间事，自是羲皇以上人"。然而无论如何，他虽然说"栖迟固多娱，淹留岂无成"，他终不能忘掉"古人惜寸阴，念此使人惧"。这是在他放弃一切，否认一切之余，有时又掩不住压抑下的对人生追求的影子。这里头显然有种内心上的苦痛，杜甫所谓，"陶潜避俗翁，未必能达道"，这才算了解了活的陶渊明。生的解脱是不曾解脱，只令人感到一种不能解脱的悲哀。人到了绝望时，便求目前的快乐，这实在不是快乐，而是悲哀，然而一般人总以为这是快乐。陶渊明也就有乐天派的名号了。我们觉得很有趣的，便是这种的乐天派，往往是唯物论者，陶渊明也是如此呢。在大处看，陶渊明的思想上的路径，也是那一个时代的一般人的思想路径，明显的例子是晋时人作的《列子》中的《杨朱》。不过加上一种发自"强的生命力"的彻底性，就成了陶渊明的特出之点。我觉得一切诗人之所以伟大，就在他与我们常人的感觉相同，然而深刻许多，又能写得出的缘故。对人生的追求，追求后幻灭的悲哀，悲哀了便达观、乐天，套陶希圣先生的话语，这是一个 dialect，人人都能有这种历程，然而陶渊明却更深刻地去生活过来，而且深刻地感得，又深刻地写出。因为普遍，我们才能了解，因为深刻和写得出,我们才称为我们的大诗人!我们爱歌德是如此,爱陶渊明,也是如此。

以上是我们就陶渊明的作品中所了解的陶渊明。据说诗人才能了解诗人,这我便有点不能坦然了。

陶渊明真能超出于时代吗?[1]

在一般人的心目中,总有一个印象,以为陶渊明是超乎时代的,仿佛和他同时代的人有着很大的距离似的。加上欧阳修说过这样的话,"晋无文章,唯陶渊明《归去来兮辞》而已",更令人觉得陶渊明是独来独往于那个时代了。我也不否认他之高出时代,但我却更愿意从另一个角度来看他和他那一个时代的凑拍处:他绝没有和他的时代切断,他绝不是游离于那个时代之外,他乃是深深地和那个时代的传统相递接着,他也隐隐地向一个时代开拓着。——其实任何所谓超时代的人物,我们都可作如是观!

陶渊明是公元四世纪后半到五世纪之初的人物。在思想上,那风靡于二世纪的老庄思潮(为何晏、向秀、郭象所倡导着的),曾深深地浸润着他的心灵。不错,他已渐渐有了儒家的倾向,这恰是他代表了时代之处。因为,儒家思想之抬头,不能不推八世纪的韩愈,他是一个象征人物,他后来开了宋代理学的先河;但你想,由道家到儒家,中间能没有一个转换时期的人物——兼有二者色彩的么?这就是陶渊明。宋代的欧阳修、苏轼、朱熹之所

---

[1] 该文发表于一九四七年九月五日《大公报》(天津)文史周刊第三十七期,署名李长之。

以推许陶渊明,我们在这里也可以得到一个解答。

撇开思想不说,陶渊明的风度也依然是所谓魏晋人的风度。他那"裸葬何必恶,人当解意表"和刘伶的"死便埋我",有何区别?他常常把头上的葛巾拿来漉酒,漉完了就又戴上,他说,"若复不快饮,空负头上巾",这不也和阮咸约群猪来共饮的行径差不多么?他答应去做彭泽令的时候,是因为"公田之利,足以为酒,故便求之",这不也很像阮籍听说步兵厨营人善酿,有贮酒三百斛,乃求为步兵校尉么?刺史王弘要去见他,他便称疾不见,这也很像嵇康不理钟会的故事。不过他比嵇康稍微圆通一些,后来王弘托陶渊明的老朋友庞遵半道里把他截住,酒吃得高兴了,王弘也就乘机而出,便竟没有遭陶渊明的难堪,但这也只能说是程度之差而已。这大概因为时代不同、性格不同,所以比嵇康的偏激便冲淡了不少,然而嵇康那样的影子还是呼之欲出啊!

被后来人所称为最足以代表魏晋人的时代精神的书是《世说新语》,这时代精神可以用四个字来形容,这便是"简约玄澹"(袁聚《刻〈世说新语〉序》),但陶渊明的诗不是也为钟嵘称为"文体省净,殆无长语"么?二者多么相似——从这种意义说,陶渊明的作品,也可说就是魏晋人时代精神的沉淀物或结晶体了。陶渊明的"好读书,不求甚解",后人以为高超,其实这也就是向荣之"探道好渊玄,观书鄙章句"(见颜延之《五君咏·向常侍》)。当时本有这么一种风气。如何能说陶渊明是和时代隔绝呢?——不但不隔绝,而且太密切了!

我们又知道在陶渊明之前的半世纪有郭璞,郭璞对《山海经》《穆天子传》有着极大的兴趣,而陶渊明也就"泛览周王传,流观山海图"。郭璞同时的有干宝，干宝处在那爱好志怪小说的时代，著有《搜神记》，而陶渊明也便有《搜神后记》（从前人都疑《搜神后记》是伪书，唯陈寅恪先生说未必伪，兹依陈先生说）。这都可以看出那时的风气，而陶渊明不在这风气之外，他不但没落伍，而且很"时髦"，如果"时髦"不是坏字眼。

单以陶渊明的纯文学作品论，那就尤其明显。我们可以分题材和表现法两方面论。

他的题材有许多是承袭前人的：

《感士不遇赋》承袭董仲舒《士不遇赋》、司马迁《悲士不遇赋》。他自序中已说明。

《闲情赋》承袭张衡《定情赋》、蔡邕《静情赋》。自序中也有说明。

《归去来兮辞》是张衡《归田赋》、潘岳《闲居赋》一类的。

《与子俨等疏》是嵇康《家诫》一类的。

《命子》就是六朝人所喜作的"述祖德"一类，谢灵运就有这样的作品。

《责子》是左思的《娇女诗》一类。

《饮酒》二十首是六朝人所爱写的"咏怀"一类。

《读〈山海经〉》十三首就是六朝人所谓"游仙""招隐"一类。

其他像《挽歌诗》，是晋人桓伊、庾晞、袁山松都作过的题目；《咏三良》是王粲、曹植都写过的；《咏二疏》是阮瑀也写过的；就是《咏荆轲》，在左思的《咏史》里也见过，而阮瑀且有着同样的题目；至于《杂诗》《拟古》之类，更是六朝人所普遍也写着的。在同样的题目或题材之中，陶渊明的作品也许是出乎上类，拔乎其萃，但总是接近于同时代人或前一时代人所写的东西的原型，这是没有问题的。

我们再看表现法。试看下面这些句子：

> 往燕无遗影，来雁有余声。
> ——《九日闲居》

> 弱湍驰文鲂，闲谷矫鸣鸥。
> ——《游斜川》

> 清歌散新声，绿酒开芳颜。
> ——《诸人共游周家墓柏下》

> 南窗罕悴物，北林荣且丰。
> 神渊写时雨，晨色奏景风。
> ——《五月旦作和戴主簿》

> 新葵郁北牖，嘉穟养南畴。
> ——《酬刘柴桑》

> 飘飘西来风，悠悠东去云。
> ——《与殷晋安别》

> 哀蝉无归响，丛雁鸣云霄。
> ——《己酉岁九月九日》

马为仰天鸣，风为自萧条。

——《挽歌诗》

这些都是对句，但十分笨拙。这种风格不但是代表六朝，而且更确切地说，乃是代表晋宋至刘宋的元嘉那个时代，放在谢灵运、颜延之的诗里似乎没有什么分别。更糟糕的是，他也照常用典，而且用到没有道理的地步。例如"再喜见友于"，"友于"是指兄弟倒也罢了，已经不高明，至于说"巽坎难与期"，用巽坎代风和水，糟不糟？这都是六朝人的习气使然。

在我们愿意把陶渊明画成一个理想的诗人的时候，我们自然不愿意指出这些句子。但是当我们要发掘真相的时候，要指明陶渊明之和时代的距离不能离得太远的时候，我们便也应该看看这些方面了。

我们深深感到，一个人要"完全"超乎时代是根本不可能的。开明如王充，不也还相信火里有毒，火代表口舌，代表文章，因而崇实黜华么？他没出了五行的圈儿。原因是他毕竟生在东汉之初啊！所以，我们又何必责备陶渊明？况且歌德说过："一个人的缺点是归诸时代，一个人的优长是靠他自己！"我们独怪有些人自以为能完全超出时代，以落伍鸣高，又有些人对古人的论断每每从一个时代里游离而出，而孤立地去看，所以不能不辨。

序——为陶渊明和庄子的文章而写[1]

陶渊明的集子是我在所有诗人的集子中最早读完的一部。那时我只有十二三岁。我差不多同时读完的另一部书就是《庄子》。此外的子书或者集子,在那时是很少有耐心去窥一个全豹的了。我不敢奢言二书和我的性格或兴趣有什么契合,我也好像无从估量二书对我曾有什么作用或影响,反之,我倒渐渐看出我自己和陶渊明、庄子的距离来了,同时,我又渐渐发觉最初的了解是多么不可靠来了。——可是陶渊明和庄子之间的契合处,却又渐渐由淡弱的印象,而变为十分肯定起来。

自己省察下去,我不能,也不肯放弃自己对于人生的沉溺,像陶渊明或庄子那样子。这两人,无论如何,是有点洁癖的,我却宁愿多沾染一点泥土气。然而有一点,我却也不能否认自己和他们两人是生活在同样的气质里,这就是任情感和率直。以陶渊明和庄子比,自然庄子是早看透了的人,而陶渊明却是忍耐又忍耐,最终才把不妥协的精神拿出来,而退到自己的堡垒里的。在这一点上,我自己的性情却更近于陶。也就是每到这种场合,特

---

[1] 该文是一九四七年八月六日李长之为陶渊明和庄子的文章而写的序,手稿。

别感到陶渊明的作品的亲切了,也特别有着要写陶渊明的评传的冲动了。可是我也说不清究竟是因为自己性格上先是那样,才喜欢陶集的呢,还是因为喜欢读陶集,才慢慢养成了那种性格?总之,无论交友或者在一个小环境里做什么事时,起初虽然不抱什么大幻想,甚而是无所谓的光景,可是日子一久下去,便越觉得浑身不对劲儿,越来越觉得严重,最后就仿佛有一种不可抗的否定的力量终于使我拂袖而起了;这时便觉得陶渊明那种"觉今是而昨非",以及"去去当奚道,世俗久相欺。摆落悠悠谈,请从余所之"竟像是替我代言的一般了。

可是这究竟是近来的事,最初读陶集时并不曾这样想。我还记得当时用的本子是一个石印的苏写本,也没有什么注。我往往独自一人,在院子里漫步着,而捧读起来。我读时往往很快乐,像那"俯仰终宇宙,不乐复何如",以及"欣然规往"的句子,总仿佛特别能印入我的眼帘,于是自己也就欣然起来了。那时我委实觉得陶渊明是一个快乐的人的。

过了些时候,对于陶渊明的乐观的印象消失了,但至少认为他尚是达观的。这已经是我二十岁以后的事。又过了十多年,也就是一直到现在,这达观的印象又逐渐淡了,却觉得他的诗句是那样沉痛,几乎"言尽意不舒"的情调充满了全书,竟再也寻不出十分快乐的影子了。这真奇怪!往前看见有人因为陶渊明是隐士而指责,也便单纯地以为隐士又有什么不好?那不是高尚么?那不是不食人间烟火么?现在的想法便又不同,只觉得陶渊明是有不得不隐的苦衷的,这不是高尚不高尚的问题,也不是逃避不逃避的问题,总之,这不仅是他自己的选择了,而是当时的"现实"

逼他就了这条道。从前还想为他辩护，现在觉得并不是理论的问题，也无须乎辩了，那是由于种种因素，遂自然而然，产生了那种结果的。指责固然看得太浅，辩护也仍皮毛，现在所有的，却只是同情而已。——同情不一定就是说自己也羡慕那样的道路，尤其并非鼓励别人也那样走。

关于《庄子》，以往是当哲学来读。现在却也把看法改变了，觉得他乃是一个诗人，而且是像陶渊明一样的诗人。在实际生活的体验上，他容或不如陶渊明的深切，在精进的勇气上，他容或没有陶渊明的积极（因为他缺少儒家的教养成分），此外在人生的无常、命运的渺茫、自然的运转，种种宇宙情调、人生情调上却太相似了！庄子常说"悲夫"，可见他是有深挚的悲感的，正像"慷慨独悲歌"的陶渊明，而不像被认为以理化情的斯宾诺莎。

我现在不想多说庄子，不过因为《庄子》和陶集同是我最初读完的整部书，又因为和陶渊明有那么些的相似而提到他而已。

陶渊明的孤独之感及其否定精神[1]

陶渊明把世俗看作是一个世界，把自己所向往的看作是另一个世界，因而便时时有孤独之感了。在我们读任何人的诗集时，恐怕再也没有像读陶渊明的诗集时所接触的那样弥漫的孤独的感觉的了。从第一首《停云》起，就说"八表同昏，平路伊阻。静寄东轩，春醪独抚"，在这里就仿佛已经有一种冷然的孑身孤立的感觉向人袭来，我们真不晓得他为什么是那样的寂寞！在不经意地浏览时，由于他用的语气之和缓，我们也许觉得他是在平静着，甚而在和易地欢笑着，然而仔细吟味下去，就觉得他是那样的寂寞——可怕的寂寞，太寂寞了！

他仿佛经常没有游侣，没有酒伴。在《时运》那首诗的序上说"偶影独游，欣慨交心"，他的伴儿就是自己的影子；偶尔的赏心乐事和积久的感慨，也没有第二个人可以诉说，或者共鸣。在那首诗文里，意思就更明显，"清琴横床，浊酒半壶。黄唐莫逮，慨独在余"，酒是自己喝，牢骚是自己听。《时运》只是集中第二首

---

[1] 该文发表于一九四八年四月出版的《文学杂志》第二卷第十一期，署名李长之。

诗,以孤独为主要的旋律,又令我们直觉上感到是承袭着第一首《停云》,而作如线索,又贯串着全集的。果然,就是到了他那最后一篇文章《自祭文》,也仍然说:"惟此百年,夫人爱之。惧彼无成,愒日惜时。存为世珍,没亦见思。嗟我独迈,曾是异兹。"于是他乃是一生独往,一直到死了。

陶渊明所好的是酒,昭明太子作序时,已经说"有疑陶渊明诗,篇篇有酒",可见一般人对这事印象的深刻。但我却更注意的是,他之饮酒,往往是独饮。"春醪独抚""慨独在余",我们已经提到过了,而《连雨独饮》也曾经作为他的题目,那诗是:

> 运生会归尽,终古谓之然。
> 世间有松乔,于今定何间?
> 故老赠余酒,乃言饮得仙。
> 试酌百情远,重觞忽忘天。
> 天岂去此哉?任真无所先。
> 云鹤有奇翼,八表须臾还。
> 自我抱兹独,俛俛四十年。
> 形骸久已化,心在复何言?

这是他在四十岁的时候,检讨自己的抱负,觉得没有亏损,而心安理得,可以自慰,但究竟是四十年的独来独往的日子,所以终于连雨独饮而已了。

最有名的《饮酒》诗,也是在孤寂的况味中。他在序上说:"余闲居寡欢,兼比夜已长,偶有名酒,无夕不饮。顾影独尽,忽焉复醉。既醉之后，辄题数句自娱。纸墨遂多，辞无诠次。聊命故人书之，以为欢笑尔。"我们看他所谓"顾影独尽"，便知他那"无夕不饮"的日子乃是寂寞地度过的。有的人喝酒是为自己痛快，有的人喝酒是为友朋快聚，但陶渊明的饮酒却是由于"闲居寡欢"——由于寂寞啊！就连他的创作也是为了"自娱"，不但《饮酒·序》如此说，《五柳先生传》上也有"常著文章自娱"的话。真的，在他那孤独的世界里，他不自娱，又将谁娱呢？

因为《饮酒》诗是产生在独饮的情况里，所以这二十首诗中也格外有着浓厚的孤独的调子。他看到曾经是东陵侯的邵平却也卖瓜，他觉悟"衰荣无定在，彼此更共之"，于是"忽与一觞酒，日夕欢相持"。因为他自己在独饮，在孤寂，所以使他触目惊心的也是一些孤独的对象，不是孤立的青松，就是独飞的归鸟：

> 青松在东园，众草没其姿。
> 凝霜殄异类，卓然见高枝。
> 连林人不觉，独树众乃奇。
> 提壶抚寒柯，远望时复为。
> 吾生梦幻间，何事绁尘羁？
> 　　　　　　——《饮酒》二十首，其八

> 栖栖失群鸟，日暮犹独飞。
> 徘徊无定止，夜夜声转悲。
> 厉响思清远，去来何依依！
> 自植孤生松，敛翮遥来归。

劲风无荣木，此荫独不衰。
托身已得所，千载不相违！

——《饮酒》二十首，其四

他欣赏这卓然的孤松，他同情那独飞的归鸟，同时他也觉得能够在这"劲风无荣木，此荫独不衰"之下而托身的一事之值得自傲自喜，因为这里有他的身世，有他的人格，他诚然寂寞，但他安于寂寞了。寂寞也未尝不痛苦，所以"夜夜声转悲"，可是他有勇气迎接这种痛苦，并忍受这种痛苦。

就"失群"一方面说，这独飞的归鸟不免有些消极，然而就它之"托身已得所"说，就它之发现了安身立命的地方说，就它这肯定了自我说，它却仍是有无比的肯定的勇气的。"千载不相违"，这多么坚决！这和他那"道狭草木长，夕露沾我衣。衣沾不足惜，但使愿无违"，"纡辔诚可学，违己讵非迷？且共欢此饮，吾驾不可回"，以及"伊余何为者，勉励从兹役。一形似有制，素襟不可易"，同样倔强！在这里，他有一种极大的否定的力量，否定了自己所不赞成的人物和事件，但同时却也是一种极大的肯定的力量，肯定了自己的人格，肯定了自己的操守，肯定了自己的世界。也就是这种力量，使他有所防御，使他有所保障，使他坚守，使他攻击。我们不可忽略了这种力量中之否定的一方面，这否定的强度和那肯定的强度正是一事。也就是这否定的一方面，构成了他那人格的壮美性。——我不信任何壮美的东西而没有否定的大力存乎其间的！壮美必须包含对于无限之追求、之憧憬，如果没有否定，如何能完成壮美呢？从前人讲壮美，说壮美都有冲决一切形式之意，又说壮美是使一切其他东西都渺小下去之意，我觉得总不如提出"否定"作为一个重要条件，还更中肯些。

否定，否定！这就是壮美性之物必有时表现而为若有缺陷之故啊。太完全了，不会有壮美！熟透了的文化、人格或艺术，往往貌似圆满，没有缺陷，什么也不否定，像包容一切，然而往往就包含了堕落的萌芽，枯萎、僵凝，没有生气了。这是一切古典的东西的命运，也是优美之物的最后悲哀！壮美则不然，含有强烈的否定力量的壮美的人格如陶渊明者尤其不然！

我们且看陶渊明之否定处吧：

人之所宝，尚或未珍。
——《答庞参军》

静念园林好，人间良可辞。
——《庚子岁五月中从都还阻风于规林》二首，其二

商歌非吾事，依依在耦耕。
投冠旋旧墟，不为好爵萦。
——《辛丑岁七月赴假还江陵夜行涂口》

寒竹被荒蹊，地为罕人远。
是以植杖翁，悠然不复返。
——《癸卯岁始春怀古田舍》二首，其一

田家岂不苦？弗获辞此难。

四体诚乃疲,庶无异患干。
——《庚戌岁九月中于西田获早稻》

咄咄俗中恶,且当从黄绮。
——《饮酒》二十首,其六

去去当奚道,世俗久相欺。
摆落悠悠谈,请从余所之。
——《饮酒》二十首,其十二

多谢诸少年,相知不忠厚。
意气倾人命,离隔复何有?
——《拟古》九首,其一

不学狂驰子,直在百年中。
——《拟古》九首,其二

厌闻世上语,结友到临淄。
——《拟古》九首,其六

岂不实辛苦,所惧非饥寒。
——《咏贫士》七首,其五

高酣发新谣,宁效俗中言?
——《读〈山海经〉》十三首,其二

虽非世上宝，爱得王母心。

——《读〈山海经〉》十三首，其七

宁固穷以济意，不委曲而累己。既轩冕之非荣，岂缊袍之为耻？诚谬会以取拙，且欣然而归止。拥孤襟以毕岁，谢良价于朝市。

——《感士不遇赋》

归去来兮，请息交以绝游。世与我而相违，复驾言兮焉求？

——《归去来兮辞》

借问游方士，焉测尘嚣外？愿言蹑轻风，高举寻吾契。

——《桃花源记》

他强烈地有所摆脱，强烈地有所厌弃；他不惜息交绝游，他不惜高举辞世。这仿佛有所固执，有所偏拗，也就是鲁迅所谓韧性，北平（今北京）人所谓别扭劲儿。在规行矩步的人看来不免是一些缺陷的吧，但正构成了陶渊明之坚强的、壮美的、庄严而峻烈的人格的重要动力。许多面面俱到的好好先生，自以为冲淡平和的，实在不足以语此。倘以这种态度来概括陶渊明，那实在更是南辕北辙了！

陶渊明这种否定的力量，原是像潜伏的火山的熔浆似的，平时可以不爆发，但一遇机缘，便会喷发而出。公元四〇五年这一年，也就是晋安帝义熙元年乙巳，陶渊明这时四十一岁了，是桓玄篡位失败，为刘裕讨平的一年。陶渊明看到了种种不顺眼的事情，政治的局面是那样混淆而毫无头绪，也毫无澄清的希望，而他自己那儒家教养所给他的不苟的教训，以及道家精神所陶铸了他的不拘的性格，再加上他自己那时候被良心所提示着的万万不能放弃的"素抱""素襟""素志"，便统统发酵而爆发了，这就是那有名的《归去来兮辞》的创作的根由。这是他那不妥协的精神的顶点，也是他那强烈的否定精神之壮美性的发挥的顶点。

否定精神的另一面就是肯定自我，也就是自我人格中之伦理价值，这是一种真正的高贵的悲剧意识，陶渊明的不朽也就在此。反之，有些自以为是陶渊明或被人误认为是陶渊明的人，却往往在起初好像不妥协，后来终于妥协，假若只截取其不妥协的一段说，也好像和陶渊明相似了，然而不然，因为这些人既终于妥协，便是根本缺少否定的力量，也就是根本缺少肯定自我，尤其是肯定自我人格中之伦理价值的力量。这不是壮美了，而是丑恶，这不够悲剧意识的发挥了，而只是滑稽的丑角表演而已。《红楼梦》中的袭人、妙玉就是这一个类型，中国近代文人中先以冲淡自居，终于落水的，也是这一个类型！

先似妥协，终于不妥协，这其中有一种否定力量的潜流，也有一种伦理价值的挣扎。最后却是伦理的自我胜利了，所以这是壮美，这是悲剧性。——而且是确确切切的西洋美学上所谓的壮美或悲剧性的意义！至于先似不妥协，终于妥协，这却表现为一种空虚，虽然也经过一种挣扎，然而伦理的自我却终于失败了，毁灭了！这哪里有庄严？这哪里有美？根本空虚，哪里会不成为丑角的演出？——二者相似而太不同了！

陶渊明之否定精神，其实是肯定伦理的自我，即表现而为寂寞与孤独。说到饮酒时，固然是"浊酒聊自适"（《归园田居》）、"浊酒且自陶"（《己酉岁九月九日》）、"欲言无予和，挥杯劝孤影"（《杂诗》十二首，其二），游行时也是，"怅怅独策还"（《归园田居》其五）、"中宵尚孤征"（《辛丑岁七月赴假还江陵夜行涂口》）、"怀良辰以孤往"（《归去来兮辞》），而他歌唱时是他自己，"敛襟独闲谣"（《九日闲居》）、"慨慷独悲歌"（《怨诗楚调示庞主簿邓治中》），他悲哀时是他自己，"猖狂独长悲"（《和胡西曹示顾贼曹》），甚而他偶尔快乐时是他自己，"被褐欣自得"（《始作镇军参军经曲阿作》）、"灵府长独闲"（《戊申岁六月中遇火》），他宽慰或者想解脱时还是他自己，"应尽便须尽，无复独多虑"（《形影神》）、"既自以心为形役，奚惆怅而独悲"（《归去来兮辞》）。这让我们大可以想象，陶渊明是如何一人端着酒壶在那里独饮，又如何一人拄着手杖而踽踽独行，他会自己在那里会心微笑，他会自己在那里慷慨高歌呢！

寂寞和孤独就是陶渊明的精神世界的特色。他所欣赏的山是"虽微九重秀，顾瞻无匹俦"（《游斜川》），他所喜欢的树木是"高莽眇无界，夏木独森疏"（《庚子岁五月中从都还阻风于规林》二首，其一），甚而原野和云朵，他也因为"感情移入"的作用，而反映出全是孤独："平原独茫茫"（《拟古》九首，其四），"孤云独无依"（《咏贫士》七首，其一）。他见了"日暮犹独飞"的归鸟而引为同调，他更常常"抚孤松而盘桓"；就是他所想象的美人，也是"夫何瑰逸之令姿，独旷世以秀群"（《闲情赋》）的。真的，寂寞和孤独笼罩了陶渊明的一切！就连普遍认为有问题的《四时》一诗，不管是顾恺之的原作，还是陶渊明的摘句吧，最后一句仍是"冬岭秀孤松"，仿佛一沾着陶渊明的边儿，氛围中就不能缺了寂寞与孤独！

寂寞与孤独之感可说是和陶渊明的生命之深处永远相固结着的。就他的生活史上看，这也原是很早的，"少时壮且厉，抚剑独行游"（《拟古》九首，其八）——少时就是如此了。这性格主宰了他一生，而且他也不肯放弃了这样的一生，"自我抱兹独，僶俛四十年"（《连雨独饮》），"总发抱孤介，奄出四十年"（《戊申岁六月中遇火》），一个人到了四十岁而仍然不肯放弃的性格，当然是永不会放弃了！

往远处说，他这性格也和他那外祖孟嘉有关。孟嘉就是"门无杂宾，尝会神情独得，便超然命驾，径之龙山，顾景酣宴，造夕乃归"（《晋故征西大将军长史孟府君传》）的。在孟嘉把种种性格和爱好都遗传给了他的外孙之余，这独来独往的一点就尤其显著！

关于陶渊明的这种性格，不只我看出来，他生时最好的朋友颜延之就已经看出来了。颜延之给他作的《陶征士诔》上，头两句，就已经是"物尚孤生，人固介立"了；而后来的批评家也有同样的发现，如毛晋绿君亭本陶集总评所引潜玉的话："靖节先生，孤士也。篇中曰孤松，曰孤云，皆自况语。人但知义熙以后，先生耻事二姓，孤隐于醉石五柳间，而不知义熙以前，虽与镇军、督邮同尘错处，而先生之孤自若。故其诗云：'自我抱兹独，僶俛四十年。'又云：'此士胡独然？实由罕所同。'慨不生炎帝、帝魁之世，而赋《感士不遇赋》云:'拥孤襟以毕岁,谢良价于朝市。'——盖合晋宋而发慨也。岂其参军事,令彭泽,即云良价哉?颜延之曰:'物尚孤生。'先生真孤生也。"这见解都非常正确。我现在所做的,也就是充实这个意见,发掘这个意见,并且强调这寂寞和孤独之感的背后乃是一种悲剧性的否定精神,其底蕴乃是伦理的自我价值之肯定而已;以往的人已见其当然了,我却是更愿意说明那所以然!只有就所以然处看,陶渊明的价值才是永久而不可动摇的!

关于《陶渊明传论》的讨论[①]

（一）问题的提出

很高兴地读到了《文学遗产》上阎简弼先生关于拙著《陶渊明传论》的批评文字，因为处理古典文学的问题是那样令人感到艰巨，而在需要集思广益，充分发扬学术上的争论又是那样迫切，阎先生的文章恰是一个良好的开端。我个人，作为读者并作为被批评的作者，是十分欢迎这篇文章的。

阎先生在文章开端提到陶渊明是一个"不大好评价"的作家，这是一句有分量的，并深知道学术工作甘苦的十分有意义的话。结尾时又提到"总之，陶渊明的性格和他的诗都是多方面的，而且是有变化、有发展的。他有热情，他率真，他肯劳动和喜爱劳动人民，他热爱自然和自由"。这也是令我首肯的。

问题的分歧在"不忠于晋"，以及关于这个问题的论证有无意

[①] 该文发表于一九五四年七月十日《光明日报》文学遗产第十一期，署名张芝。

义,并牵涉研究的方法和态度,还有对于鲁迅先生的话是否误解等。现在把我不同的意见写出,还请读者和阎先生指教。

(二)这个问题在原书中的比重

我在原书的序上说:"现在写出的是在较长的时间内比较固定一些的看法。主要的是企图解决两个问题:一是他和晋、桓玄、刘裕的关系如何,以及他对农民的态度如何,总之是他的政治态度;二是他和儒家、道家、佛教等的关系如何,究竟应该肯定他有几分儒家思想,有几分道家思想,以及他自成为一种什么样的思想面目,总之也就是他的思想态度。我觉得他的政治态度和思想态度也都有一种发展,文中也就附带地加以阐明。为了准备论据,必须先有一个较详的传记,并且对他的作品创作的时日也须有一个考订,这也就是书的前半部分的内容。"

显然,如果对于全书加以切中要害的批评的话(那是我更欢迎的),就应该对这整个内容加以检查。现在阎先生的批评,是把"不忠于晋室"当作了核心问题,仿佛让人们认为我的原书只是一篇"陶渊明不忠于晋室论",这是我不能同意的。而阎先生的主要结论又仿佛得到一篇"陶渊明忠于晋室论",例如他说:

> 比陶侃为"忠顺"的诸葛亮,还能说他不忠吗?
> 发"忠孝于君亲"的人竟会"倾向桓玄而无视晋室",岂不可怪?

阎先生虽然把"不忠于晋"看作是一个无意义的看法，但对于陶渊明之"忠于晋"却津津乐道，这实在是初料所及的。

我的确是肯定陶渊明不忠于晋室的，但这不是问题的全部，我只是把这个问题当作陶渊明的政治态度的一个环节来看，正如阎先生文章中所已经引出的：

> 陶渊明有没有政治苦闷呢？有。但不是忠于晋室的问题，而是在他自己的乌托邦式的政治思想的幻灭，而是在他对于忽起忽灭的恒玄政权的感慨，而是在他对于刘裕政权的看不上眼，而是在他对于晋末皇帝的惨遭毒害之普通的（而不是君臣关系的）同情而已。司马氏、桓氏、刘氏，三个政权之间，陶渊明应该是接近桓氏的。

这个问题如果孤立起来看，诚然没有意义，既不能从这里看出陶渊明好，也不能从这里看出陶渊明坏；这个问题如果一般化起来，和一般封建文人的忠君问题混看，当然也解决不了问题；这个问题如果只用类推的方法，认为屈原、杜甫如何，陶渊明也一定如何，这也是违反了马克思主义的精神实质——对具体问题做具体分析的。

陶渊明一生面临的政治事件最大者不外：

（甲）民族矛盾——南北分裂。

（乙）孙恩起义。

（丙）桓玄政权。

（丁）晋室覆灭。

（戊）刘裕代晋。

如果要研究陶渊明的政治态度，难道不是看他对于这些具体历史事件的看法吗？他不可能对这些事全不关心，如果那样，就是鲁迅先生所反对的超然论了；他也不可能对这些事同样热心，也不可能对这些事件的对立方面都抱同样程度的拥护，如果那样，陶渊明就不是一个具体的活人了。他只可能对这些事有不同程度的关心，只可能在这些事件的对立方面中有他的确定的爱憎的态度。我对于这些问题的解决，也首先是根据他本人的作品：

（甲）他对于民族矛盾的斗争是比对于阶级矛盾的斗争冷淡的，见《赠羊长史》一诗。

（乙）他对于孙恩起义是在参加了刘牢之的镇压军队后而感到痛苦的，见《饮酒》诗"在昔曾远游"一首。

（丙）他对桓玄政权的赞扬，见《拟古》"种桑长江边"一首。

（丁）他对于晋室的覆灭的感慨，见《述酒》诗等。

（戊）他对于刘裕代晋的失望苦闷，见《岁暮和张常侍》等。

而他对这些事件的具体态度又是彼此相联系的。

我的原意不在孤立地说明他不忠于晋室，而在指出他对于当时前后出现的几个政权中比较接近桓玄而已。他接近桓玄是由《辛丑岁七月赴假还江陵夜行涂口》一首而证明其参加过，由"种桑长江边"一诗中的"春蚕既无食，寒衣欲谁待"的依赖之殷和"本不植高原，今日复何悔"的惋惜之痛而证明他对桓玄的倾向，由《形影神》诗而证明他对桓玄思想的共鸣的。对晋室的态度是和这件事连起来看，所以说他不会忠于晋室。孟嘉和陶侃的问题也只是帮助说明这一问题而已。

至于他对晋室的态度，是不是只用"不忠"了之呢？也不是。以晋室与桓玄比，他接近桓玄；但以晋室与刘裕比，他憎恶刘裕。如果再具体地看，他对晋室的覆灭之感慨在哪一点呢？我认为只可能限制在他对于晋末一帝的惨遭毒害的同情而已。否则那就对于他参加桓玄一幕不可解了。

阎先生似乎认为陶渊明要么忠于晋室，要么不忠于晋室，而不能既不忠于晋室而又抱有同情，但我认为恰是虽不忠于晋室（就桓玄事件言）而仍同情（就刘裕事件言），这才是陶渊明对于当时政治事件的具体态度。阎先生认为"同情"和"忠愤""只是两个不同的词汇"，他不理解这是代表客观事物的两种不同程度。对问题一刀两断是容易的，但我们不是更要求恰如其分么？我坦白说，我没有阎先生所"揣摩"的我的用意，"表示他（陶渊明）不拘守封建道德"，我只是就当时政治情势，根据陶渊明的诗文（在理解上曾借助于前人的探索），就我的思想水平，而得出的陶渊明的具体态度而已。

（三）问题的待决

在我认为是"心得"的，但同时又不敢自信，迫切求教的，倒是桓玄问题。

我在书的序上说"这些见解都不够成熟"，并说"未必能达到鲁迅先生的期望"，就是指这个。

一方面我感觉有利于成立这方面的结论的地方：（一）《辛丑

岁七月赴假还江陵夜行涂口》("赴假"采朱自清先生说)诗、"种桑长江边"诗是证明;(二)《归去来兮辞》作于桓玄政权垮台的次年,他以后不再出仕;(三)《形影神》诗是响应桓玄驳慧远的(采逯钦立先生说);(四)当时一般文人倾向桓温、桓玄;(五)孟嘉对桓温很好,陶侃有非纯臣说(见《晋书》及《命子》诗蒋薰注)等。

但另一方面也有不利于成立这方面的结论的地方:(一)《辛丑岁七月赴假还江陵夜行涂口》和"种桑长江边"这两首诗还可能有不同的解释,"赴假"一词也有纠缠("赴假"作销假解,是采朱自清先生说,但希望专家们对这一词汇还表示一点意见);(二)我的其他论证都还嫌间接些。

当然,就现在说,我觉得前面的论证对我的说服性多些,但我同时希望专家们加以批评,我即放弃我的假说。

至于阎先生说我误解了鲁迅先生的话,但如果就阎先生所理解的而论,我的看法同鲁迅先生似乎也没有多大出入:我也认为陶渊明并非超然,也认为他时刻关心朝政,不过我要对所谓"朝政"想探求一下具体内容而已。此外,在陶侃是否为陶渊明曾祖上,我还是存疑(因为过去有很多争执),但阎先生倒是肯定的,并用陶侃之忠来证明陶渊明之忠,他似乎比我的血缘论还彻底些。总之,如果孤立地说陶渊明忠与不忠,当然是没有意义的,但这不是我的主旨之所在;如果单靠外祖与曾祖定一人政治上之向背,也的确有血缘论之嫌,然而那是叙述上的次第,而不是认识过程的次第,尤其不是我的全部论据。在感谢之余,谨以质之阎先生,不知以为然否?

谈陶渊明[①]
——陶渊明逝世一千五百三十周年纪念

陶渊明是公元四世纪后半期到五世纪初的一位中国伟大诗人。他的地位应该和比他早六七百年的屈原，比他晚三百年左右的李白、杜甫并列，这是没有问题的。

可是关于对他的全面研究，对他的正确估价，却并不怎么容易。我们很容易把他说简单，而事实上是不那么简单的。我说这话的意思，并不是浇冷水，阻挡人们对他的研究，也不是故意夸张，企图把他和我们的距离扩大，完全不是这个意思。恰恰相反，我是说我们应该有全面、细致、深入的研究，把他和我们的距离缩短，甚而达到没有距离。对待这样一个诗人，是特别需要有耐心的。

在中国文学史上常有这样的情形：表面上很难理解的东西，其实是好懂的，因为那所谓难理解的只是文学障碍，例如谢灵运的诗就是；而表面上很好理解的东西，其实却不容易真懂，李白的

[①] 该文发表于北京师范大学学生会主办的《蓓蕾》杂志创刊号（一九五七年一月），署名长之。

诗是一个例子，陶渊明的诗又是一个例子。

我们单说陶渊明。如果孤立地看他诗的每一句话，可能好懂，因为他比较少用典故，他比较少用难认的字，而且往往近于口语；但是整首诗就不是那么好懂了，因为诗中的含义往往超过表面上的范围，也超过表面上的深度；整首诗也许好懂，但如果和他的其他作品合起来看，就会发生不那么容易把握的情形；合起其他诗来也许会把握到更深刻的东西了，但是如果联系到他的时代，联系到他的经历，联系到他的世界观，就又会发觉如果要真正接触到他的思想感情，还是必须经过一些艰辛的探索的。

这里举三个例子。

一是他的《责子》诗：

> 白发被两鬓，肌肤不复实。
> 虽有五男儿，总不好纸笔。
> 阿舒已二八，懒惰故无匹。
> 阿宣行志学（十五岁），而不爱文术。
> 雍端（二人）年十三，不识六与七。
> 通子垂九龄，但觅梨与栗。
> 天运（命）苟（如果）如此，且进杯中物（酒）！

单句说，很好懂。除了"行志学"是用了孔子"吾十有五而志于学"的典故是指十五岁，"杯中物"是酒的代语之外，几乎全是口语。整篇呢，好像是责骂几个孩子的顽皮、偷懒、不爱用功，因而诗人感到苦恼，不如喝酒了。可是和其他诗合起来看，就不这么简单了。原来陶渊明是很爱孩子们的,他对自己的孩子也并非觉得不好,那么,这里的责骂,实际上就不是真的生气,而是说着高兴罢了。可是他又为什么提到命不好,还喝酒消愁呢?不是为孩子不好,那是为什么呢?这就必须联系到他作这诗的时代和他的经历,以及他日常的思想、感情才能理解了。原来他作这首诗的时候是他三十六七岁的时候,正是他为了生活的穷困而不得不出来做小官,但又为了这样妨碍自己的自由,舍不得自己的田园,而常想退休,可是由于军阀之间的混战,自己的田园生活又遭到破坏,做小官呢,又看到一些不顺眼的事情和不顺眼的人物,几次辞了职,还是几次为饥饿而不得不出去,出去又还是会为了自由而再回来,这才是真正苦闷所在。不但这样,还因为他读过一些古书,他也深信那些古书,古书里教导他为人要正直,也常有一种淳朴的康乐生活的理想在吸引他,而他又在生活实践中,看到老百姓生活的可爱,看到当时老百姓的和平幸福生活遭到破坏的痛苦,于是越感到对统治阶级的不满,越感到自己勉强去同流合污是不值得的,越感到因为饥饿而不得不出来做小官的苦恼了;更糟糕的是,在当时那种政治条件下,这苦恼的日子只有延长,而看不到消除的边儿;所以想到命不好,所以只有喝点酒还痛快,而孩子们越可爱,他就越不是味了。这些含义不是远超过诗的表面么?

二是他的《读〈山海经〉》第一首:

　　孟夏(旧历四月)草木长,绕屋树扶疏(枝叶茂盛)。

  众鸟欣有托，吾亦爱吾庐。
  既耕亦已种，时还读我书。
  穷巷隔深辙，颇回故人车。
  欢然酌春酒，摘我园中蔬。
  微雨从东来，好风与之俱。
  泛览周王传（指记载神话传说的《穆天子传》），流观山海图（指神话书《山海经》的插图）。
  俯仰终宇宙，不乐复何如！

  这首诗表面看是充满愉快气氛的。这种愉快，也应该说是真实的，但如果仔细咀嚼其中的滋味，"不乐复何如"，却又有无可奈何的伤感。再看"穷巷隔深辙，颇回故人车"，是说交通不便，朋友来都困难，这应该是不愉快的了，可是他为什么反而还满足这样的生活呢？这就又不简单了。原来这首诗是作于陶渊明五十多岁以后，那时已是经历了几次政变：桓玄推翻了晋朝皇帝，刘裕又打倒了桓玄，晋朝表面上恢复了统治，刘裕又处心积虑在夺取政权。陶渊明对这些事看不惯，晋不好，桓玄、刘裕又何尝好？比较下来是桓玄好，可是时间又太短（只有两三年）。刘裕呢，阴险而跋扈。陶渊明又一度在桓玄底下做过事，这时刘裕当权，他不免是刘裕的眼中钉。然而他已是退休十几年了，田园的生活又恢复了，他于是庆幸自己的远见，庆幸自己重新恢复了自由，庆幸自己没牵涉到当时的是非旋涡里，这就是他愉快的缘故。但他自己个人的问题虽然解决，而整个大局，他是不满意的，所以就又有无可奈何的感伤。再看到几次政变中那些东倒西歪、趋炎附势的人物，其中也包括他的朋友，他是有厌弃之感的。因而才觉得他们这些人不容易到他这里来，反而使他舒服了。所以这首诗，也就不是单纯的愉快了。

三是《饮酒》诗中的一首：

> 结庐在人境，而无车马喧。
> 问君何能尔？心远地自偏。
> 采菊东篱下，悠然见南山。
> 山气日夕佳，飞鸟相与还。
> 此中有真意，欲辨已忘言。

这诗曾经被一些学者认为是静穆，而被鲁迅所驳斥了的。问题是如果孤立地看"采菊东篱下，悠然见南山"，那实在是飘飘然，没有烟火气了。然而这是因为没有看上四句。原来所以"悠然"的缘故是在"无车马喧"，是在"心远"。这是什么道理呢？这也仍然要联系到这首诗的年代上去。原来《饮酒》诗多半写在陶渊明四十二岁左右。四十二岁是陶渊明忍受饥寒，换取自由，经过十二年的矛盾，终于不再出来做官的一年，也是桓玄政权刚刚失败的一年。他所谓"无车马喧"，是指逃离统治阶级内部政争的旋涡，他所谓"心远"是指自己看透了，躲开了，主意拿定了的不妥协态度。这是他多年求之不得的，这就是他这时所高兴的，所以才有"悠然见南山"的从容的愉快。下边怕别人不了解他所以才采取这样态度的缘故，所以说"此中有真意"，话是双关的，既说鸟，也说自己（他常用归鸟的形象来表达自己这种心情）。同时又怕意思太露骨,所以马上又用"欲辨已忘言"来轻轻遮掩了下去。用轻轻的遮掩来表达自己的坚决,本是陶渊明惯用的手法之一。因此,假如单用静穆来看这首诗,就太表面了。

这里是仅仅举一些例子,说明陶渊明的诗不是像表面上那么容易懂。当然,不是说不可能懂的。

我在这里要说一说我自己读陶诗的经验。我在十几岁的时候,就曾读过全部陶集。那时我在院子里,一边读,一边高兴地笑着,觉得陶渊明真是那样和悦可爱的。可是后来看到朱熹、梁启超的说法,慢慢感到陶渊明的内心矛盾了。再看到鲁迅的指示,知道陶渊明是非常关心当时的现实,而有战斗性了。又看了一些宋明人的注本,知道其中的问题原来很多。细读晋代的历史,就仿佛有了一些头绪。因而写成一本《陶渊明传论》(最近还要重写这本书),大体上还是受了鲁迅的启发。现在也常翻陶集,深感到陶渊明有他极大的苦闷,也有他极强的战斗性,而在战斗中有他偶尔露出的乐观。总之,他是中国文学史上一个很杰出的光辉名字。

可是我在这篇文字里,没有用现实主义的字样,也没有用人民性的名词,同时也没有提到他的劳动生活的意义,并且没有提到他的朴素的风格,这并不是因为这些提法不好,也不是因为这些提法不重要,只是因为我怕如果不通过详细说明就有简单化的危险。简单化也就是歪曲的别名。以陶渊明时代的历史情况论,以陶渊明所接受的思想来源论,以陶渊明和当时的文艺流派的关系论,以陶渊明创作中的复杂情感论(几乎每一首诗都是如此),以陶渊明的含蓄而丰富(表面上很朴素)的风格论,都让人不能够简单地来理解陶渊明的。然而我要重复说一遍,避免简单化,不是说不可理解,也不是说不值得理解,而是相反,倒应该耐心地去发掘这一个伟大诗人的丰富宝藏的。只有这样,我们才可以在其中吸取更多的有益的东西。

大诗人陶渊明的前后

（一）西晋时的诗人——潘岳和左思

从嵇康之死，到陶渊明的诞生，约有一百年的光景。在这一百年中间，社会有了很大的变化，诗歌也有了很大的变化。前五十年是西晋，后五十年入东晋。在西晋五十年中，头十几年全国还没有统一，后二十几年有统治阶级内部的混战，就是所谓"八王之乱"，结果招来了野蛮民族内侵的大惨剧。在西晋盛时，著名诗人有"三张、两潘、二陆、一左"。"三张"是张载、张协、张华[①]，其中张华（公元二三二到三〇〇年）是当时文坛的领袖。他早年为阮籍所赏识，后来他又赏识了许多诗人。"两潘"是潘尼、潘岳。"二陆"是陆机、陆云。"一左"是左思。因为太康是西晋盛时，所以这些诗人也称为"太康诗人"。那时中国刚趋统一，有

[①] 三张有二说，旧谓张载、协、亢，因三人是兄弟，冯唯讷主之；郑振铎、刘大杰以张华代张亢，理由是张亢不列《诗品》。兹从后说。

"天下无穷人之谚"①,于是这些诗人也就大半做了暂时太平的点缀。但不久即有"八王之乱",这些诗人也多半做了牺牲者。

在这些诗人中最值得提起的是潘岳和左思。只有他俩有真实的内容和独创的风格,其余却多半是诗匠。《文选》中选陆机的作品最多,而他就是标准的诗匠。他的论文是要比他的诗强些的。

潘岳(公元二四七到三〇〇年)是一个富于情感的人。他最善于写哀悼的文字,像为夏侯湛写的《夏侯常侍诔》,表现了深厚的友情;他的《马汧督诔》给"位末名卑"的抵御氐人侵略的将领马敦说了公道话。他的诗以悼亡诗为最著名,在内容上有真挚的情感,在形式上有民歌的痕迹。此外《哀诗》和《内顾诗二首》也都是带有民间形式的抒情诗的杰作。下面是《内顾诗二首》的第二首:

> 独悲安所慕?人生若朝露。
> 绵邈寄绝域,眷恋想平素。
> 尔情既来追,我心亦还顾。
> 形体隔不达,精爽交中路。
> 不见山上松,隆冬不易故。
> 不见陵涧柏,岁寒守一度。
> 无谓希见疏,在远分弥固!

……

---

① 干宝:《晋纪》。

左思（公元二五〇到三〇五年）的妹妹左芬曾说"生蓬户之侧陋兮"（《离思赋》），可知左思出身的寒微。他的诗里反映了门阀士族对人才的压抑（"世胄蹑高位，英俊沉下僚"——《咏史》），然而他并不屈服，却依然希望立"左眄澄江湘，右盼定羌胡"（《咏史》）的功业，依然保持着"振衣千仞岗，濯足万里流"（《咏史》）的气概，因此，被压抑和对压抑的反抗就构成了他的诗的主题。他的诗最能保持建安的风格——质朴、有力、不纤弱，有点野趣。他的《娇女诗》是一首将俗语运用得很好的有趣的诗，写他那两个淘气的女孩，"贪华风雨中，眴忽数百适，务蹑霜雪戏，重綦常累积"，最后是大人刚要责打了，她们"瞥闻当与杖，掩泪俱向壁"，还没打，就哭了。后来很多诗人模仿这首诗，但都没有这里所写的孩子那样活泼可爱。他的《三都赋》也是名著。

潘岳和左思就是西晋诗人中最出色的了。

（二）东晋初年的诗人——刘琨和郭璞

一般人常混言魏晋，其实不但魏晋不同，就是东晋和西晋也不同。东晋的人们在江南建国之初大抵有一种哀愤的情感。不但一般人民如此，就是晋元帝也说"寄人国土，心常怀惭"；当周颐说到"风景不殊，正自有山河之异"，听的人也都落泪，王导却愀然变色，说："当共戮力王室，克复神州，何至作楚囚相对？"[①] 东

---

① 《世说新语·言语》。

晋时有些人已经对放达的人作了批判，例如卞壶就说："悖礼伤教，罪莫斯甚，中朝倾覆，实由于此。"有人觉悟到《老子》《庄子》《论语》的无用，换了读《战国策》，例如袁悦说："少年时读《论语》《老子》，又看《庄子》《易》，此皆是病痛事，当何所益耶？天下要物，正有《战国策》。"当然《战国策》不足以解决问题，但这至少说明时人对于《老子》《庄子》的空虚是有所感觉了。在西晋、东晋之交，反映那个大变动的诗人有刘琨和郭璞。

刘琨（公元二七〇到三一八年）不只是诗人，而且是能带兵作战的英雄。他少年时也是喜欢老庄的，但由于血的教训，他觉悟到"聃、周之为虚诞，嗣宗之为妄作"。他的父母都被敌人杀掉了。他在沦陷区还参加了段匹䃅（也是胡人）的队伍，他曾受晋命讨石勒，并想乘机把段匹䃅的军权夺过来，但结果失败被缢杀。他有爱国的热情，曾是劝元帝在江东立国的人物之一。现存的《重赠卢谌诗》，就是他被段匹䃅所扣留时所作，"功业未及建，夕阳忽西流，时哉不我与，去乎若云浮"，表现出他的悲愤焦急。

郭璞（公元二七六到三二四年）是大乱中南渡的人物。他是一位出色的语言学家、神话学家。他很有科学头脑，关于他的一些迷信传说大概是谣言。他也是一个有爱国热情的人，他为了鼓舞江东立国的信心，作有《江赋》。他又把爱国热情写在名为《游仙》的诗里："四渎流如泪"，"零泪缘缨流"，"遐邈冥茫中，俯视令人哀"，可见他沉痛悲愤的心情。《与王使君》一诗中说"蠢蠢中华，遘此虐戾"，正反映了那个惨痛的时代。他的一部分作品曾经影响了后来的大诗人李白。

（三）陶渊明

刚过江时，士大夫们虽然有些哀愤，连上层统治阶级也有些激动，但不久就又陷入麻痹，门阀士族们一方面觉得江南依然可以享乐，一方面就钩心斗角，闹摩擦。稍有军权的人就想做政治上的投机，借北伐的幌子，做自己夺取政权的手段。慢慢士族的势力便为军阀的势力所压倒了。至于在诗歌史上填充了从郭璞到陶渊明的四五十年间的空白的，是逃避现实的所谓"玄言诗"。"玄言诗"的代表作者有孙绰、许询等。他们的作品大半不传于世。现在从江淹拟作的许询诗看来，大抵是采取了郭璞《游仙》诗的表面，而阉割了那哀愤的有血有肉的内容。"玄言诗"在当时曾有很大的势力，扭转了这风气的是谢混[①]。谢混诗有山水诗的味道，已很接近陶渊明。

士族的势力衰微了，军阀的势力大起来；老、庄思想有些过去了，儒家思想有些抬头；人民过的日子依然是困苦不堪的日子——这就是陶渊明时代的社会情况。经过"玄言诗"的冲洗，诗体变为轻淡了，但人们不满意"玄言诗"，于是追求郭璞，追求左思，追求建安，然而终于是冲洗过的了——这就是陶渊明时代的文学状况。

陶渊明（公元三六五到四二七年）[②]出身于一个官僚家庭，最

[①] 《世说新语·文学》引《续晋阳秋》："询、绰并为一时文宗，自此作者悉体之，至义熙中谢混始改。"

[②] 生平采旧说，而不采梁启超说，理由见张芝（即李长之）《陶渊明传论》，页一〇〇（棠棣一九五三年版）。

初过的是中小地主的生活。二十九岁以前是少年时代。从"弱年逢家乏"(《有会而作》)、"弱冠逢世阻"(《怨诗楚调示庞主簿邓治中》)看,他的家庭已经没落。从"少年罕人事,游好在六经"(《饮酒》二十首,其十六)看,他早年受过儒家很深的教育。从"少时壮且厉"(《拟古》九首,其八)看,他那时也有一种豪气。淝水之战的那年(公元三八三年),他十九岁。这一战的胜利,说明东晋的国威还很强大。从这次战后,王谢士族的势力衰弱下去,军阀的力量代之而起。东晋就削弱在内战中。陶渊明不是士族,然而由于文化教育的关系,他在意识上却也染有没落士族的情调。二十九岁到四十一岁,是陶渊明的中年,这是十二年矛盾的生活。他做过几次小官,也出过几次门,出门的原因多半是由于职务。"畴昔苦长饥,投耒去学仕"(《饮酒》二十首,其十九),这就是他出仕的理由。可是因为受了拘束,看不惯许多事情,便常常"拂衣归田里"。归田之后,却往往又因为生活的关系,再出仕,再痛苦,再回来。就这样过了十二年。在陶渊明三十五岁的那年(公元三九九年),天师道道徒孙恩起义。导火线是被解放的奴隶又被征兵。起义军规模很大,人数有二十几万,发动的地点是浙江,不久就打到当时的京城(建康)附近。陶渊明曾经参加过刘牢之镇压孙恩的官军,官军纪律很坏,使东南一带人民遭了浩劫(刘裕就是在刘牢之部下,出了风头的)。陶渊明心里很痛苦,他说:"此行谁使然?似为饥所驱……恐此非名计,息驾归闲居。"(《饮酒》二十首,其十)他本是为生活所迫而出仕的,现在如此,所以就不如回家了。和孙恩的起义同时,桓玄在长江上游建立了新的政治中心——江陵。陶渊明对桓玄抱有幻想,曾到过江陵，这是他三十六七岁的时候。但他不久也幻灭了，这从他到江陵销假的诗[①]——"如何舍此去，遥遥至西荆"可以看出的。桓玄后来打到建康，接受了晋国的"禅让"，改国号为楚，自己当了皇帝（公元四〇三年）。桓玄建国二年（公元四〇四年），被刘裕消灭，名义上又恢复晋室。陶渊明这时在家居丧，过田园生活。又为了生活的关系，"耕植不足以自给"（《归去来兮辞·并序》），他又出仕了，这是他最后一次出仕，也就是他当了彭泽令的时候。这一年是公元四〇五年，即桓玄失败后的第二年，桓氏余党正被杀戮。就陶渊明政治倾向上和政治关系上说是危险的[②]，所以做了八十天的官，便找了点借口辞去，以后再也不出来了。他就这样结束了他的矛盾摇摆的生活。《归去来兮辞》就是他这样的生活的总结。《归去来兮辞》的主题是贯串在他的很多作品里的。这时他四十一岁。从此到死，有二十二年，是完全过躬耕的生活。经过火灾，"一宅无遗宇"（《戊申岁六月遇火》），他尝到了"老至更长饥"（《有会而作》）的苦处，也体验到了"饥者欢初饱"（《丙辰岁八月中于下潠田舍获》）的实况，他过着"晨出肆微勤，日入负耒还"（《庚戌岁九月中于西田获早稻》）的劳动生活，也领略到了"桑麻日已长，我土日已广"（《归园田居》五首，其二）的劳动乐趣。最后，他在"人生实难，死如之何"（《自祭文》）中死去了。他活了六十三岁。在他五十六岁时，逢到第二次改朝换代，那就是刘裕让晋恭帝演了一幕禅让，然后晋变为宋。晋恭帝后来被刘

[①] 《辛丑岁七月赴假还江陵夜行涂口》的赴假作销假解，采朱自清说。

[②] 参看《陶渊明传论》。

裕派人用毒酒杀掉。陶渊明在晚年见到这些事情,很不愉快,"履运增慨然"(《岁暮和张常侍》),"言尽意不舒"(《赠羊长史》),他特别写了隐约的《述酒》诗,哀悼晋恭帝并指责刘裕的险毒。他的许多激愤的诗,也多半和这有关。

陶渊明的思想是有发展的:他由儒家而走入道家,他的社会理想结晶在五十三四岁所写的《桃花源诗》中,"春蚕收长丝,秋熟靡王税",他倾向于这种没有剥削制度的原始公社式的社会。后来王安石曾指出这个桃花源式的社会的显著特点之一是"虽有父子无君臣"(《桃源行》),可见在反对剥削之外,又有着反对专制的民主思想。陶渊明之所以产生这样伟大的思想,除了老、庄以及伪《列子》的一部分思想来源以外,是和那时孙恩等的起义以及他自身的劳动生活和饥饿生活的体验分不开的。他在最后也有了较前彻底的唯物论思想。像他在《挽歌诗》中所说:"死去何所道,托体同山阿!"这比起他四十九岁时所写的《形影神》来,那时虽然已经反对慧远的唯心论——神不灭论,然而终于认为"人为三才中,岂不以我(神)故",神还是高一等,这是有很大的发展了。

没有问题,陶渊明有他的阶级限制。他虽然不是士族,但多少反映了没落的士族意识,在这方面就表现了他的软弱性。他虽然倾向于没有剥削没有专制的社会,但"俎豆犹古法,衣裳无新制",还是有些开倒车的复古的意味。他痛恨刘裕夺取政权的卑劣,但他不能对刘裕北伐的功劳给以公平的估价,在"九域甫已一"的时候,他的兴奋没有压倒对于四皓的向往(《赠羊长史》)。他爱的是"亲戚共一处,子孙还相保"(《杂诗》十二首,其四),

他在遗嘱里认为最重要的事是维持"七世同财,家人无怨色"的几世同堂的大家族的生活。他一方面很旷达,却一方面也很头巾气!这正是他的阶级使然。他后来虽然过着劳动的生活,但他中年写的"顾尔俦列,能不怀愧"(《劝农》),是在教训农民,并把农民看作比孔子、董仲舒低一等;"农人告余以春及,将有事于西畴"(《归去来兮辞·并序》),也是旁观的地主的神气,所以他和农民是有一定距离的,虽然这距离在晚年时已在缩短。这也就是他不能理直气壮地承认孙恩等起义的正义性的缘故,这也就是他特别斤斤于桓玄、刘裕和司马氏之间的缘故。

然而陶渊明虽然有这些限制,但由于他晚年身经劳动和身受饥饿之故,他多少体会了劳动人民的困苦,所以其作品在一定程度上反映了劳动人民的思想感情。《有会而作》一诗这样说:

弱年逢家乏,老至更长饥。
菽麦实所美,孰能慕甘肥?
惄如亚九饭(用子思居卫三旬九食的典故),当暑厌寒衣。
岁月将欲暮,如何辛苦悲!
常善粥者心,深恨蒙袂非。
嗟来何足吝,徒没空自遗。
斯滥岂彼志,固穷夙所归。
馁也已矣夫,在昔余多师。

他深了解饥饿者的感情,也深体会到饥饿者的倔强。这反映了当时"或死于干戈,或毙于饥馑"①生活的一斑。陶渊明同样是倔强和有反抗性的,"朝与仁义生,夕死复何求"(《咏贫士》七首,其四),他穷,但是有骨头;"嬴氏乱天纪"(《桃花源诗》),"志在报强嬴……豪主正怔营"(《咏荆轲》),他是那样痛恨暴秦一类的巨恶;他有要求自由的一种强烈的感情,像"久在樊笼里,复得返自然"(《归园田居》五首,其一),就是一例;而《读〈山海经〉》诗里所赞美的"刑天舞干戚,猛志故常在"、"余迹寄邓林,功竟在身后",更表现出他有一种积极的乐观主义精神。这一方面也就是他伟大的地方。

陶渊明不能不有他的矛盾:出身没落的官僚地主家庭,却又经过一种劳动的生活;本身不是士族,却又受到过士族的教育的影响;老庄思想流行的时代,他却经过儒家的洗礼,但又依归于道家;士族衰落,军阀崛起,同时农民起义又在他的周围;田园的生活不能维持,官吏的生活违背他的正义感也破坏他爱好自由的习性;他"性刚才拙,与物多忤"(《与子俨等疏》),然而有时他也不能不压制自己的棱角,说什么"独正者危,至方则碍"(颜延之《陶征士诔》),表面上变成和易。这些矛盾就构成了他的一生,也构成了他的诗。

他的矛盾是在这样的程度上解决:忍受饥寒的痛苦,退出统治阶级的集团;生活在农民群里,和农民终有一点距离;他不能全身心地倾向起义军,但在消极方面不和统治阶级合作,在积极方面发挥一些个人的反抗;他把儒家和道家最后合一了,他采取

---

① 《魏书》卷一一〇《食货志》记晋末语。

了儒家不合作的安贫乐道的精神，他采取了道家的唯物论和社会理想，他找到了《论语》中反对孔子的沮溺作为自己的理想，他把孔子化为"羲农去我久，举世少复真。汲汲鲁中叟，弥缝使其淳"（《饮酒》二十首，其二十）的热心实现他那社会理想的人物——不是经典的孔子，而是陶渊明化的孔子了！

萧统说他的诗"语时事则直而可想"，钟嵘说他的诗出于应璩——那个写讥讽时事的《百一诗》的应璩，说明他的诗在一定程度上反映了当时的政治现实。所以，单纯地把他认为是田园诗人是不对的，单纯地以为他的诗是冲淡和平的更是不对的。

在诗的创作风格上，他虽然一方面不免有当时用典或用代字的习气（像"翼坎难与期"那样的句子），然而另一方面他却已经做到自然而接近口语的地步，像"今日天气佳，清吹与鸣弹"（《诸人共游周家墓柏下》）、"结庐在人境，而无车马喧"（《饮酒》二十首，其五）、"虽有五男儿，总不好纸笔"（《责子》）都可以为例。又由于晋人对语言的讲究，他的诗也做到把一切不必要的字或句都减缩到不可再减的干净利落，这也就是钟嵘所谓"文体省净，殆无长语"。"衰荣无定在，彼此更共之"，"世短意恒多，斯人乐久生"，都是简净、意义丰富而又不失为口语的。这是他的风格特点，就是在他的散文里也表现出这种优长。《五柳先生传》是多么简短的自传，但又是多么意义丰富的自传！"既醉而退，曾不吝情去留"，包括多少修养！《桃花源记》也是上等的散文，在那短短的没有废字废句的文章里，写出了那个渔人如何为桃源所诱引（"欲穷其林"），如何为桃源的人所惊讶（"咸来问讯"），如何为他们所热情招待（"便要还家"，"余人各复延至其家"），最后渔人自己又如何羡慕这个地方("便扶向路,处处志之"),而这地方却又如何为人可望不可即("不足为外人道也","寻向所志,遂迷,不复得路","后遂无问津者")。由于他写得那样生动逼真,这就增加了他那个理想社会的宣传力。其中的"便"字、"是"字("问今是何世")更是显著的口语,在研究中国语法史上也是值得注意的[①]。他的《闲情赋》也是一篇采用了民间表现方法的好作品。

在陶渊明死后七八十年,得到了一个极其热心的宣扬者,这就是萧统(公元五〇一到五三一年)。萧统给他编了集子,这是第一部中国文人专集。过了二十年,北齐就也出现了阳休之的编订本。因为陶渊明有一部分儒家思想,所以他为宋儒所喜爱。宋以后,对他研究渐细。鲁迅也常提到他。关于陶渊明的研究之盛,在过去是仅次于杜甫的。在创作上显然受了陶渊明的影响的,唐代有孟浩然、王维、韦应物,宋代有苏轼、辛弃疾,元代有马致远。我们应该重视这样一位诗人,但理由并不在他是一个歌咏田园的隐士,尤其不在他冲淡,反之乃是更在他关心现实、反映现实,有反对剥削反对专制的思想,有积极乐观精神。

(四)宋齐梁陈的诗人和宫体诗的出现

在陶渊明的时代,就已经出现了下一代的青年诗人。颜延之和谢灵运是最著名的。颜延之(公元三八四到四五六年)是陶渊

---

① 在中国古代有"非"字而无动词"是"字,晋时始用动词"是"字,参考王力:《中国语法初探》。

明的亲密友人之一。陶渊明死后，他给陶渊明作过有名的诔文。颜诗的特点是喜欢用典。谢灵运（公元三八五到四三三年）可能和陶渊明见过面，因为他们同是慧远的座上客。大概由于地位不同——谢灵运是贵族大地主，陶渊明是贫士；思想也不同——谢灵运崇拜佛，陶渊明自有他自己的儒道合一的思想系统；谢灵运爱做官，陶渊明又已经看淡，所以他们两人没有深厚的友情。颜、谢主要活动的时代都在刘宋。刘宋时代也是统治阶级内部互相倾轧的时代，因为谢灵运接近刘裕第二子刘义真，三子刘义隆即位为宋文帝后，不仅杀了自己的大哥二哥，也借故把谢灵运杀了。颜延之也接近刘义真，但幸亏他儿子做了大官，被保全了。

　　谢诗爱用辞藻。颜、谢的诗就当时论，是更合乎士大夫的口味的，所以他们的诗的地位曾经被评为在陶渊明之上。谢灵运由于刘义真的关系，不能在朝，当了永嘉太守，这是他写出了那些山水诗的原因。他对于自然景物的刻画比陶渊明更突出些、有力些，又爱用色彩的对比，构成了诗的特点。谢灵运也是有爱国思想的，在刘裕北伐时，他写过一首《北征赋》，后来也曾建议朝廷收复齐鲁。

　　和颜、谢同时代而稍晚出生的诗人有鲍照（公元四一五？到四六六年）。钟嵘说他"才秀人微，故取湮当代"，可知他出身寒微。正因为他出身寒微，所以他的诗里更多反映了些像他这样身份的人的悲哀和反抗。像《苦热行》中的"爵（财）轻君尚惜，士重安可希"、《代白头吟》中的"心赏犹难恃，貌恭岂易凭"，像《咏史》中的"君平独寂寞，身世两相弃"，说的都是寒族的悲哀！而《升天行》中的"何时与尔曹，啄腐共吞腥"，就是激烈的反抗了。就这一方面说，他有点像左思。表现他的爱国主义思想的，则是"身死为国殇"的《代出自蓟北门行》。他在技巧上是有着大胆创造的，又能运用口语，他的出色的乐府诗也多半保存了民间形式，这就是《诗品》上称他"险俗"的缘故。他的诗在当时，已经很有影响，到唐代更被李白、杜甫所推重，尤其影响了李白的乐府诗。

鲍照之后可注意的诗人是谢朓（公元四六四至四九九年），这已是齐的时代了。他是李白一生最佩服的诗人。后人为了把他和谢灵运区别，称其为"小谢"。他虽然只活了三十六岁，但诗的造就是可惊的。"朔风吹飞雨，萧条江上来"的《观朝雨》一诗是他的代表作。在他的诗里，人们常常有像发现新事物似的感觉。"空濛如薄雾，散漫似轻埃"，他的观察是这样入微。他的诗有了工整的对句，像《和王主簿怨情》，就是一例，这给后来的律诗开辟了道路；同时他也爱写短诗，像《玉阶怨》——"夕殿下珠帘，流萤飞复息。长夜缝罗衣，思君此何极"，这又给后来的绝句立下了榜样。他的诗被沈约所推赏。

沈约（公元四四一至五一三年）是身经宋、齐、梁三朝的老诗人，也是在长时期内文坛的领袖。他创了声律说，给所谓"永明体"建立了理论根据，也给唐代律诗奠定了理论基础。作为诗的技术的发展说，他的学说有它的一定价值，但是在当时因为过于为它所拘束，也就产生了只求形式、不顾内容，甚而损害内容的恶果。他也有好作品，但不如这方面的影响大。

堕落的统治阶级最后产生了腐化恶劣的宫体诗。宫体诗是梁简文帝（萧纲）时最盛行的。像他所写的"密态随羞脸，娇歌逐软声"(《美女篇》),就是那一般的柔靡堕落情调的代表。咏妓是最常见的主题,有时就写到变态心理的生活上去。沈约也是这种诗的附和者。徐陵的《玉台新咏》是这种诗的主要结集,虽然其中也保存了一部分好的民歌。这堕落风格的诗歌甚而传染下来一直到唐初,到盛唐时才逐渐廓清。

北方的诗坛最初比较沉寂,保存下来的诗多半出自后来南朝投降的官僚,这些人们除了偶尔写出"胡风入骨冷,夜月照心明"(庾信《昭(明)君辞应诏》)的痛苦外,就也拿宫体诗毒害了那刚健清新的北国诗坛。

我们必须明了宫体诗的堕落,才可以了解大批评家刘勰、钟嵘出现的意义,才可以了解唐代的诗歌是怎样扭转了这个风气的意义,才可以了解李白、杜甫等在诗歌上的伟大贡献的意义。后人对于从建安到齐、梁这一段的诗歌的认识,随着时代不同,而了解的程度也不一致。大概在唐代诗人还是重在鲍、谢,也就是陶渊明死后的一段诗歌史上,而他们之重鲍、谢也还是停留在技术上,宋以后才把眼光转到陶渊明身上,而陶渊明的地位也就历元、明、清而愈来愈高了。

(五)文学批评的发展——从曹丕到刘勰和钟嵘

这一个时期的文学批评是很出色的。有几种文学批评的名著不但在当时有着极大的作用,而且在后来成为了解这一个时期的文艺活动的必不可缺的文献,同时其中有许多原理在相当长的时期内也仍有着指导作用。

从曹丕（公元一八七至二二六年）的《典论·论文》起，这个时期的文学批评活动就开始了。《典论·论文》不但论到了当时所谓"建安七子"的作品，并提出了"文以气为主"的个性论（气之清浊有体，不可力强而致。……虽在父兄不能以移子弟），也提出了"奏议宜雅，书论宜理，铭诔尚实，诗赋欲丽"的文体论，又提出"文章经国之大业"的主张，这就抬高了文艺作品的价值，这是以前的批评家像王充等所没做到的。他所指出的"文气"说明了建安诗的风格特点，他的文体论是后来更细致的文体论的雏形。这篇文字大概作在公元二一七年。

隔了七十多年，陆机（公元二六一至三〇三年）的《文赋》出现，《文赋》大概写于公元二八九年[①]。这是采用赋的体裁所写的文学理论，其中包含非常详细而有系统的创作论。他提到了创作时顺利的情状，"文徽徽以溢目，音泠泠而盈耳"，以及不顺利的情状，"理翳翳而愈伏，思乙乙（音轧）其若抽"；他提到了发挥创造性的必要和割爱的必要，"虽杼轴于予怀，怵他人之我先，苟伤廉而愆义，亦虽爱而必捐"；他的文体论更由曹丕的四分法扩充到了十分法，"诗缘情而绮靡，赋体物而浏亮，碑披文以相质，诔缠绵而凄怆，铭博约而温润，箴顿挫而清壮，颂优游以彬蔚，论精微而朗畅，奏平彻以闲雅，说炜晔而谲诳"，这就比曹丕分析得更细微了，这也就是后来《文心雕龙》文体论的基础；其中"诗

[①] 《文赋》是陆机入洛，与张华见面以后作，见《文选》李善注引臧荣绪《晋书》。这时是二八九年以后，他二十九岁以后了。杜甫有"陆机二十作《文赋》"句，当是误解。

缘情而绮靡"一语则恰好说明了太康诗的风格特点；在声律方面，他提出了"暨音声之迭代，若五色之相宣"，是后来沈约的理论的先声。他在《文赋》的序中说，"余每观才士之所作，窃有以得其用心"，这也正是后来《文心雕龙》取名的所自，而其中很多问题也成了《文心雕龙》中专篇的题目，这说明《文心雕龙》就是在这些批评文字的基础上更进一步的发展。

差不多和陆机同时，有作《文章志》和《文章流别集》的挚虞。《文章志》记文学家，《文章流别集》选作品，前者有四卷，后者有三十卷，他对于每种作品都有评论。这是中国最早的近于文学史的著述。《文章流别集》可能是后来《昭明文选》一类的先驱。可惜挚虞这样的大著述现在只剩下几条逸文了。根据他留下的话——"文章者所以宣上下之象，明人伦之叙，穷理尽性，以究万物之宜者也"，可见他是有近似现实主义的要求的。

又有作《翰林论》五十四卷的李充，他的书也同样失传了，同样只留下几条逸文。但我们从这几条逸文看，还见出他推崇嵇康的论文，认为够得上"论贵于允理，不求支离"的标准，又推崇应璩的诗，认为"以风规治道，盖有诗人之旨焉"，可知道他是有眼光的。他的著作的性质大概和挚虞的相近。

东晋时代有一个大批评家是著《抱朴子》的葛洪（公元二九〇至三七〇年）。他是王充的崇拜者，他的见解也大半是王充的理论的发挥。他同样主张古不及今，同样主张写文字应该通俗，同样认为"古书之多隐，未必昔人故欲难晓，或世异语变，或方言不同"（《抱朴子外篇·钧世》），同样主张文章当有个性，"五味舛而并甘，众色乖而皆丽"（《抱朴子外篇·辞义》），同样主张文章当有实用价值,"百家之言、与善一揆,譬操水者,器虽异而救火同焉,犹针灸者,术虽殊而攻疾均焉"(《抱朴子外篇·尚博》)。但他说得比王充更透辟,同时他对于文学范围的看法也不像王充那样偏狭,而且反对把文章比起德行来认为是"余事"的看法(《抱朴子外篇·尚博》),这说明他比王充进了一步,当然这也是因为这时的文学本身就比王充那个时代有着更好的发展了。

从曹丕、陆机、挚虞、李充到葛洪,文学批评诚然有了很大的发展,但最伟大而又最有理论体系的批评家却还要推梁时的刘勰和钟嵘。

刘勰(公元四六五至五二〇年)是一个佛教徒。他曾经帮助过僧祐整理佛典,也曾参加过代表当时的佛教道教争论的《弘明集》的编辑工作,这集子中就收有他自己的一篇论文《灭惑论》。他的文学批评名著《文心雕龙》大概写于他的壮年,即公元五〇一年左右[1]。这部著作在体例和用语上,有显著的受佛典影响的地方。这是中国从来没有过的一部系统严密的文学批评的书,而且在一千多年间也一直没有过第二部。

全书一共五十篇,前二十五篇,除了头三篇外,都是文体论。他论到的体裁约有三十三类,这比陆机的分类精密得多了。这一部分中每一篇的结构都如他在《文心雕龙·序志》中所说,"原始以表末,释名以章义,选文以定篇,敷理以举统",这就是先由历史的叙述,得出正确的概念,然后再选出适当的例子,最后定出标准,作为批评根据。此中最有价值的就是关于历史的叙述部

---

[1] 见范文澜:《文心雕龙序志篇注》,引刘毓崧:《通谊堂集书文心雕龙后》。

分，例如《文心雕龙·明诗》篇中的这一部分就不啻是一篇缩小的诗歌史——从葛天氏的八阕之歌一直说到"俪采百字之偶，争价一句之奇"的他所谓"近世"。

《文心雕龙》的后二十五篇，除了末一篇外，都是系统性的文学原理，包括创作论（如《神思》《物色》），风格论（如《体性》《通变》），修辞论（如《章句》《练字》），以及一般的文学史论（如《时序》）和作家论（如《才略》《程器》）。此中最宝贵的，是他对于文学史的叙述和对于当时那个时代的批评。在《文心雕龙·时序》这篇短短的论文里，叙述了"蔚映十代，词采九变"的大势。他深知道从社会的现实基础去解释文艺现象，例如他论到建安时说，"观其时文，雅好慷慨，良由世积乱离，风衰俗怨，并志深而笔长，故梗概而多气也"，他的结论是"故知文变染乎世情，兴废系乎时序，原始以要终，虽百世可知也"。他知道从社会现象的联系上去观察文学现象，他知道这样做就有规律可循，这个见解是很卓越的。至于他批评当时那个时代的话，就有"魏晋浅而绮，宋初讹而新"（《文心雕龙·通变》），这也是极其中肯的。因此，他大声疾呼地要求改革："通变则久。"他说："言与志反，文岂足征？""繁采寡情，味之必厌。"（《文心雕龙·情采》）。这都是恰中当时士大夫们那些没有真实内容而只在形式上做工夫的作品的真正弱点的。在当时许多具体问题上，像关于声律，他主张"夫音律所始，本于人声者也"，因而反对勉强；关于丽辞（就是对偶），他主张"自然成对""不劳经营"；关于事类（就是用典），他主张"不啻自其口出"。这些都可见出他有一种反对造作，要求自然，保卫现实主义的鲜明倾向。这对于那个时代说，是有着极其进步的意义的，同时也给后来文学的发展开辟了道路。

在当时受了刘勰影响的，有萧统（公元五〇一至五三一年）。刘勰曾经做过他的"舍人"，其实就是他的老师。萧统的最大成绩是现存的《文选》一书和他对于《陶渊明集》的编订。《文选》的文体分类（三十七类）大体是和《文心雕龙》的文体分类（三十三类）相符合的。他同样有文学史的观念，他的《文选》，"类分之中，各以时代相次"，并且他认为文章是"随时变改"（《文选序》）而且发展的。他不但坚持这样的看法，而且也这样实践。他虽然一方面受当时的文学见解的束缚，选的标准是"事出于沉思，义归乎翰藻"，但是已经提出要"集其精英"了，那也正是刘勰所要求的。他编的《陶渊明集》也是可称道的，他不只写了序，还为陶渊明作了传，他指出陶渊明的诗的价值是在"语时事则直而可想，论怀抱则旷而且真"，这也是相当中肯的批评。现存的最早的而又规模最大的总集是《文选》，现存的最早的个人专集是这部《陶渊明集》，这都是萧统的成绩，而且他也是第一个发现陶渊明这位诗人的伟大的人。在后一点上他就又超过了刘勰，也超过了钟嵘了。

钟嵘（公元四六八？至五一八年）的《诗品》约比《文心雕龙》晚出现半世纪。这部书可说是关于五言诗的发展的总结。书的主要部分是对两汉至南北朝梁四百多年间的一百二十二位作家进行的具体的批评和分析。他的方法是历史的并风格分析的。他认为文学史的两大源头是《国风》和《楚辞》，以后的作家有从《国风》一线发展的，如曹植、陆机等；有从《楚辞》一线发展的，如王粲、潘岳、郭璞等。这种看法的缺点是有些形式主义倾向和被崇拜古代作品的观念所拘，但作为风格的分析比较看，却也有细致和深入的地方。例如他分析左思"野于陆机，而深于潘岳"，他分析陶渊明"其源出于应璩，又协左思风力"，他批评谢灵运一方面"颇以繁富为累"，但另一方面因为有"名章迥句"，所以"譬犹青松之拔灌木，白玉之映尘沙，未足贬其高洁也"，这都是很中肯的例子。但他书中最有价值的一部分是书前的序，他一方面叙述了五言诗发展的简史，一方面又给五言诗找到了理论根据，说比"文繁而意少"的四言诗高得多，而更重要的，是提出了"观古今胜语，多非补假，皆由直寻"和"自然英旨"的观点，赞扬那运用自然的口语的真正诗歌，反对"书抄"式的用典，反对"文多拘忌，伤其真美"的声律，这些都比刘勰的主张更彻底些，对当时那个时代的指责更中肯些，对后来反对齐梁诗体而开辟新的道路也更有利些。

刘勰和钟嵘就是那个时代最伟大的批评家。他们很多可贵的见解直到今天看来还是有价值的。

这一时期的散文值得一提的，是用精练的语言相当真实地反映了当时士大夫阶级生活的宋刘义庆的《世说新语》、表现祖国山川美丽的北魏郦道元的《水经注》，以及梁范缜的有名的唯物论论文《神灭论》等。

（六）简短的结论

从公元二世纪到六世纪的这四五百年间，社会上最大的矛盾是阶级矛盾和民族矛盾,而这两种矛盾在当时都发展到特别尖锐的程度,尤能表现前者的就是门阀士族的特殊势力的存在,表现后者的就是南北朝的对立。因为这样,一般人民过的生活是特别痛苦的。在文艺作品上,凡是伟大的作品都反映了这个基本事实。在这里,首先是民间作品,像《孔雀东南飞》就是深刻地刻画出了当时的阶级关系的。其次是文人们采取了民间形式,在内容上又反映了当时现实生活的作品,像蔡琰的《悲愤诗》就是沉痛地写到了当时的民族矛盾,而王粲、嵇康、潘岳、左思、刘琨、郭璞、陶渊明、鲍照等的作品也都在不同程度上表现了民族矛盾、阶级矛盾、民间疾苦、中间阶层的苦闷、反对专制的民本思想、反对剥削的空想社会主义等,其中反映方面较广,而又深刻真挚的,就是陶渊明,所以他是伟大的。反之,那些不能反映这个现实,和人民的切身痛苦和迫切要求漠不相关,在文学形式上采取了专为其自身所属阶级少数读者所能理解而拒绝运用或轻视民间形式人民语言的,也就是那些奄奄无生气的作品,腐烂的统治阶级也产生了腐烂的文学,那具体的东西就是所谓"宫体诗"。这时期的文学批评是有成绩的,因为那些出色的批评家像刘勰、钟嵘等已逐渐明确地批判了那些毫无生气的东西和腐烂的东西,因此,也就给下一代的文学发展扫清了道路。

新中国成立后陶渊明研究的报春花
——说李长之的《陶渊明传论》

如果在现当代有所谓"陶学"的话,那么李长之的《陶渊明传论》大概是其中最惹人瞩目和引起争议的著作了。根据不完全统计,新中国成立之后,在一九五三年①《陶渊明传论》出版之前,报纸杂志发表的有关陶渊明的研究论文不过三两篇,而在此之后,研究陶渊明的论文如雨后春笋般涌现,至五十年代末,已发表近百篇,而且基本上都是围绕着李长之《陶渊明传论》的相关话题进行的。

《陶渊明传论》从某种意义上可说是一个急就章。从作者标明的创作时日来看,它的创作始于一九五二年的九月十六日,止于十月十七日。六万余字的小册子,作者前后也就写了一个月的光景。以李长之一贯的文笔迅捷而论,这并不值得大惊小怪。不过,在体例上它的确有些问题,既不像作者的《司马迁之人格与风格》那样体大思精、恢宏厚实,也不像作者的《道教徒的诗人李白及

---

① 1953 年,李长之用张芝这一笔名在棠棣出版社出版了《陶渊明传论》。

其痛苦》那样精致完整、一气呵成,而是只写出作者在"较长的时间内比较固定一些的看法。主要的是企图解决两个问题:一是陶渊明和晋、桓玄、刘裕的关系如何,以及他对农民的态度如何,总之是他的政治态度;二是他和儒家、道家、佛教等的关系如何,究竟应该肯定他有几分儒家思想,有几分道家思想,以及他自成为一种什么样的思想面目,总之也就是他的思想态度"。作者"本来还想论陶渊明的艺术成就和生活态度,但因为有些其他工作耽搁太久了,所以姑且暂告一个段落"。按照一般"传论"的体例思路,传主的生平和作品的论述应是传论的主体,而在《陶渊明传论》中,情况恰恰倒了过来,是为了"企图解决两个问题""准备论据",才"有一个较详的传记,并且对他的作品创作的时日也须有一个考订,这也就是书的前半部分的内容"。这似乎有点本末倒置。从这个意义上来说,《陶渊明传论》不能算作是作者研究陶渊明的完结之作,而只能看作是他时常要给陶渊明写一个"传或者评论"的阶段性成果。但是要说《陶渊明传论》不成熟,是心血来潮之作,也不尽然。因为,李长之对于陶渊明的研究几乎是终其一生的。一九三三年,他尚在清华大学哲学系读书时,就发表了《我所了解的陶渊明》(《清华周刊》一九三三年四月第三十九卷第五期、第六期合刊)——那几乎是他古典文学研究的开始。在这之后,他对陶渊明的研究一直没有中断。一九三九年他准备写《关于中国五个大诗人》的专著,其中就有陶渊明;四十年代初,他又曾表示要写一组对于中国思想和文艺界影响很大的作家的传记,其中也包括陶渊明。一九四七年他连续发表了《陶渊明真能超出于时代吗》《陶渊明的孤独之感及其否定精神》等文章,受到了朱自清先生的高度赞扬,称他"说了人家没有说的话,人家不敢说的话","都是极有价值的批评"[①]。因此,《陶渊明传论》的写作时日虽短,所论虽然主要限于陶渊明的政治态度和思想态度,表述的却是作者较长时间内萦绕于怀,在认真思考的基础上的比较固定的一些看法。

《陶渊明传论》在陶学上的主要贡献在于,自来论陶渊明的政治态度的人分成极端的两派,一派认为陶渊明的诗歌表达了"忠愤"之情,陶渊明是晋室的忠实奴仆,一派认为陶渊明超然于当时的政争,"都无晋宋之间事,自是羲皇以上人",而李长之提出了一种新的看法,即"虽不忠于晋室,但仍同情"[②],也就是说,陶渊明既不超然于尘世,对于晋室又比较冷淡。关于陶渊明的思想态度的评议,向来学者也是分为两派,一派认定陶渊明有浓厚的儒家思想,一派认为陶渊明的思想完全是道家,而李长之则认为陶渊明的思想既有儒家思想,又有道家思想。"儒家思想让他有一种操守,给他的躬耕生活以一种安贫乐道的坚强支持,同时限制了他和农民距离的真正缩短,于是有时表现为一种没落的地主官僚式的情感;道家思想却使他有一种原始公社式的社会制度理想,再结合着他自身经历的饥寒困苦,便反映了当时一般农民的一部分痛苦,同时也使他对生死有了明确的看法,使他接近于唯物论思想。他推崇儒家,不排斥道家,后来又将二者结合为一,这就形成了他自己的独特的思想面目。"而且,李长之认为,无论是陶

---

① 朱自清. 朱自清文集:第八卷[M]. 江苏:江苏教育出版社,1988.

② 李长之. 关于《陶渊明传论》的讨论[N]. 光明日报,1954-7-10.

渊明的政治态度还是思想情感，都不是孤立静止的，而是发展变化着的。陶渊明"晚年是愈接近于一个农民的生活了。这阶级生活的变动，就不可避免地影响了他的思想情感的变化。这不但表现在他的政治态度上了，也还表现在他的思想态度上"。这些观点尽管仍然有商榷的余地，但较之前人，无疑新颖并深入了一层。

《陶渊明传论》不仅观点新颖、立论警辟，而且在研究的方法上也别开生面、独辟蹊径。其切入的角度、立论的线索，往往与众不同。比如，在论述陶渊明的政治立场的时候，作者选择了陶渊明的两位重要的先辈陶侃和孟嘉作为论证的切入点。他说："陶渊明的性格和政治态度，是和他的两位著名的先辈有密切关系的。这倒并不是仅仅由于生理学的或遗传学的看法，如果那样，便未免是机械唯物论了。问题是，陶渊明对于这两位先辈，的确有着异乎寻常的崇拜；因为崇拜，就容易受着影响。在事实上，陶渊明的风度、爱好、习惯，我们也都可以在他那两位先辈的传记里找到鲜明的影子，那么，关于陶渊明的政治态度，也就在他这两位先辈的政治态度中可能得到一点线索了，虽然这不是唯一的线索。"这个视角应该说是带有方法上的突破的，因为从现有的有关陶渊明的传记资料以及陶渊明创作的诗歌作品当中论述其政治态度和思想情感，不仅缺乏数量上的充分性，而且由于诗歌意象的丰富性和不确定性，千百年来，研究者各持一端，各说各话，很难有所突破。李长之论陶渊明从其两位重要的先辈入手，虽然不是唯一的最佳的路径，毕竟使人耳目一新。

在史料的运用上，李长之也目光敏锐、视野开阔。比如，他在论述诗人陶渊明的成长环境时，所观照的不仅是文学的环境，而且是文化的、艺术的环境,他说:"作为诗人的陶渊明,他的幼年和少年,恰是生长在一个艺术时代里。除了方才提到过的书法家王羲之和他同时代之外,雕塑家戴逵(死于公元三九六年,时陶渊明三十二岁)、大画家顾恺之(约生于公元三四三年,大陶渊明二十二岁)、山水画家宗炳(生于公元三七五年,时陶渊明十一岁),也都和陶渊明同时代。就文学范围内而论,虽然过江的大诗人郭璞死在陶渊明出生前四十年,中间似乎空白了些,但玄言诗人孙绰、许询,咏史诗人袁宏都在陶渊明幼年时还活着,至于和陶渊明同时代的年轻诗人谢灵运(公元三八五年生)、谢惠连(公元三九七年生)、颜延之(公元三八四年生)、鲍照(可能生于公元四一六年左右)等,就更多了。附带提及的,是这时还有大思想家支遁(公元三六六年卒)、鸠摩罗什(公元四〇九年卒)、慧远(公元四一六年卒),大历史家裴松之(公元三七二年生),《世说新语》的编著者刘义庆(公元四〇三年生),这都是和陶渊明同时在文化上放着光彩的。这就是陶渊明的时代——文化上一点也不寂寞的时代。"李长之在论及陶渊明的思想发展时则说:"陶渊明究竟是一个生长在长期'习尚老庄'而风气在向崇尚儒术转变着的时代的人物,所以在他的思想中也就不可能没有道家的成分,明显的是关于社会理想、关于生死的看法方面,他是采取道家的看法的。更确切地说,他不只是采取了老庄的思想,而且更多地吸取了当时新的道家——那就是表现在受了印度佛教的启发而产生的《列子》中的——思想。"这就突破了前人就文学论文学,就文学家论文学家的视野传统,显得恢宏而开阔。这种开阔,既得力于时代的文艺思潮的进步,也得力于李长之同时是一个美学史家、哲学史家,他对中国美学史和哲学史有着深湛的研究,能够对于文学和艺术,乃至对思想史相互间的关系的理解更圆融贯通,对于文学家成长的时代环境的感悟超出了狭隘的纯文学视野。

李长之又是仔细审慎的。比如,虽然他是从陶侃和孟嘉入手论述陶渊明的政治态度的,但他并不认可陶侃就是陶渊明的曾祖,对此他持有保留的态度,他说"这事情确有可疑"。他引朱自清所写的《陶渊明年谱中之问题》中的结论后,说"朱自清的文章是带有总结性的,这就是说,这个问题就现有的史料论,已证明是不可能得出明确的答案了","我们可以不必纠缠在陶侃是否是陶渊明的曾祖上","我们现在要指出的乃是纵然陶侃不是陶渊明的曾祖,他们的关系是不是很密切呢?答案是,也仍然是的"。这就使得他的相关论述建立在较为牢靠的基础之上。为了给论述陶渊明的政治态度和思想态度以论据,李长之为陶渊明写了"一个较详的传记",并且对其作品创作的时日也进行了考订。这一部分内容虽然不是李长之论述的重点,当日大肆批判李长之《陶渊明传论》的人也没有充分予以注意,但是其内容至今看来仍有许多闪光之处。在李长之之前,对于陶渊明的生平和创作时日,前人已有很多创获,就近人来说,梁启超的文章有新意而略嫌笼统;古直的《陶靖节年谱一卷》,尤其是朱自清的《陶渊明年谱中之问题》一文虽是"带有总结性的",但是都没有完全摆脱传统年谱、系年体例的束缚。李长之的《陶渊明的一生及其作品》最大的成就是从发展的角度,将陶渊明的一生进行了梳理:"陶渊明的一生可分为三个时代:二十九岁以前是一个时代,大概是过种田和读书的生活;二十九岁到四十一岁是一个时代,他做了好几次小官吏,也时常出门,多半是由于职务;四十二岁到死,就是到六十三岁,是一个时代,这时他眼见晋室固然衰微,桓玄的政权也倏起倏灭,刘裕已慢慢握起大权,代替了桓玄,最后逼死了晋朝最后的两个皇帝,而自己又建立了新的王朝,这期间有不少的惨杀倾轧,作为诗人的陶渊明既看不顺眼,因而隐退起来,因而暗中牢骚多起来,并为了保持自由而再度去躬耕,于是在二十余年中,他慢慢把自己的生活理想化,也理论化,遂形成了一个具有独特面目的思想的诗人,这就是他的晚年。这就是他的一生。"这么明确的分期,是前人所从来没有的。这种阶段的划分,虽然在当时没能引起充分的注意,却成为后来研究陶渊明生平时间段落划分的基础。充分注意作家思想和生平的发展阶段,不是静止地、平面地分析、评价作家的思想,而是流动地历史地加以观照,这是李长之对于古典文学作家评论的一个特点,也是李长之古典文学评论——当然不只是古典文学评论——的长处所在。

在《陶渊明的一生及其作品》中,精彩的考证和创见随处可见。比如谈到陶渊明的《还旧居》一诗的"畴昔家上京,六载去还归"时,李长之说:"有许多人认为'上京'不是建康而是浔阳附近的一个地名。但我认为这个'上京',正是当时的京都建康,理由是:第一,集中另一处说'上京'确指建康,即《答庞参军》诗中所说'大藩有命,作使上京',不会同一'上京'而指两地。第二,就陶渊明所去过的地方论,除了建康以外,是再没有适合'六载去还归'的条件的。'六'又作'十',但'十年去还归'的地方就更没有了。或者有人认为'六载去还归'是指六年中常来常往的意思,那样是可以把'上京'解作浔阳附近的,但下文明明说'今日始复来',听起来'上京'绝不像他于六年中常来常往的地方,所以这句诗的意思乃是说六年前离开六年后又归来。第三,就诗中'阡陌不移旧,邑屋或时非'看,乃是前所未见的情况,所以,这绝不是浔阳,因为大乱时,陶渊明在家守丧,对浔阳的乱况是熟悉的。第四,这首诗也不会是陶渊明早年还浔阳时所作,因为其中有'常恐大化尽,气力不及衰'的话,时间上一定是靠后些才合适。第五,这首诗是在编年诗的一系列中,恰在《乙巳岁三月为建威参军使都经钱溪》一首之后,相传的本子必定依时间先后编排作品。例如《始作镇军参军经曲阿作》一诗编排在《庚子岁五月中从都还阻风于规林》一诗之前,已证明那诗中的事也确实在庚子岁之前了。反复地考虑后,我认为这首诗所描写的就是这一年使都时的所见。"在考证《归园田居五首·其一》的"一去三十年"时,他说:"何孟春本引刘履说'三当作逾,或在十字下',陶澍又说'三当作已',那就是这句话有这样几个可能:一去三十年;一去逾十年;一去十三年;一去已十年。但他们都没有注意'一去三十年'是陶渊明所常说的,正如上引'闲居三十载'(见《还江陵》)。且宋曾集本校各本异同最富,但此句下并无异文。故做'一去三十年'为是。"这些都相当精核。

李长之是一位批评家,在对作品的解读、人物的解析和评价上,往往三言两语,随手拈来,言简意赅而精彩纷呈。他评陶渊明的《形影神(三首)》诗说:"诗中的形、影、神三者,其实各有陶渊明的一部分。'得酒莫苟辞'的形,固然是篇篇有酒的诗人陶渊明了,'立善有遗爱,胡为不自竭'的影,也是像陶渊明那样'脂我名车,策我名骥。千里虽遥,孰敢不至'的积极的一面,而'应尽便须尽，无复独多虑'的神，也正是自归去来后'聊乘化以归尽，乐夫天命复奚疑'的结论的重述。从'无复独多虑''复奚疑'的口气看，陶渊明常是在形、影、神三者的交战状态中，这就越可以说明三者各是陶渊明一体了。但是这三首诗却有共同的一点，那就是反对神仙，主张自然，在某种程度上作者是一个唯物论者。我们说在某一种程度上，就因为他究竟还说'人为三才中，岂不以我（神）故'，所以陶渊明还是把神高看一等的。然而无论如何，比起要在形影神的论据中肯定神不灭并肯定因果报应的存在的慧远来，陶渊明是鲜明地拿起一面新兴的儒家旗帜去反对道释二家了。这是陶渊明的思想成熟期的面目，这也是他高出于当时莲社诸人处。陶渊明在中国思想史上有卓绝的地位者也就以此。"他阐释得何等深刻！谈到《归去来兮辞》时，他说："《归去来兮辞》是陶渊明的重要作品之一，就了解陶渊明本人的思想和生活论，那尤其有着头等重要的意义。首先，我们要记得，这是创作于桓玄失败的次一年的作品，这是这篇作品的政治性。其次，这是陶渊明最后一次出仕而归的作品，所以这篇作品在陶渊明的生活史上有着对其前一段生活之总结性。最后，就陶渊明的一生论，那《归去来兮辞》中的主题更几乎涵盖了他所有的作品的基本情调，所以，它又特别有着代表性。"这大概是那个时代最透彻和简明的讲解了！

　　李长之尤其善于融会贯通陶渊明的诗文作品，把它们前后串联起来，把似乎难以联系的诗文勾连在一起，再现陶渊明诗文的发展和变化，给人以流动的完整的陶渊明的影像。他评论陶渊明的《归去来兮辞》时就说："《归去来兮辞》中实际要表达的思想，我们又不能只从'云无心以出岫,鸟倦飞而知还','聊乘化以归尽,乐夫天命复奚疑'这两句表面的话来把握。如果这样,陶渊明的出仕就未免太无意识了,他的归来也未免太单纯,单纯到一点矛盾也没有了。其实不然的。我们不要忘了,陶渊明是一个受很浓厚的儒家思想影响的人,因而在他出仕乃是正常的,归来却是不得已的。正面表示这个态度的,就是他的《悲士不遇赋》。'原百行之攸贵,莫为善之可娱。奉上天之成命,师圣人之遗书。发忠孝于君亲,生信义于乡闾',这才是他本来的理想。'发忠孝于君亲',还不包括出仕吗?这才是他正面的态度。只有看到像贾谊、董仲舒那样仕途的挫折,才'感哲人之无偶,泪淋浪以洒袂',于是'苍旻遐缅,人事无已,有感有昧,畴测其理',这就是,他有感于政局变动的迅速,受刺激太深,才因而'宁固穷以济意,不委曲而累己'了。赋中说得最露骨的是这几句:'密网裁而鱼骇,宏罗制而鸟惊。彼达人之善觉,乃逃禄而归耕。'结尾的话也说得很明显:'既轩冕之非荣,岂缊袍之为耻?诚谬会以取拙,且欣然而归止。拥孤襟以毕岁,谢良价于朝市。'我们体会体会他那'感哲人之无偶,泪淋浪以洒袂'的情感,便知他哪里是'乐夫天命复奚疑'那样单纯呢?假若我们把《悲士不遇赋》和《归去来兮辞》会合起来读,一里一表,对陶渊明的真相就猜得十之八九了。"谈到《五柳先生传》,他说:"有名的《五柳先生传》应该作于这一期间。因为其中的情况很像上面所引的《饮酒》诗,同时这时又是他最能够产生那样思想成熟、态度明朗的自叙传的时候。""这篇被称为'实录'的自叙传,'性嗜酒,家贫不能常得'正是前引诗中的'子云性嗜酒,家贫无由得',这里的'闲静少言'也就是前一诗的'有时不肯言',可知二者是姊妹篇。这定居下来从容地读书习静的生活,又见之于《读〈山海经〉》诗的第一首。""这同样有'好读书','每有会意,便欣然忘食'的情景。此外,《闲情赋》也可能是这一期间所作。因为照那序上所说的'余园间多暇',也只有这时最相近。而'淡柔情于俗内,负雅志于高云'那样理想的美人,也可能是五柳先生自况的一种方法——'颇示己志'的自娱的文章呢。"这些联缀看起来不起眼,好像游戏拼图,又好像文物碎片的复原,却给进一步的评论提供了坚实的基础。它需要耐心、细致,更需要功力和眼光。在这些方面,李长之表现了一位批评家特有的天赋,使得他的《陶渊明的一生及其作品》摆脱了旧日年谱和作品系年的模式,充满了现代的气息,也使得他的《陶渊明传论》虽然没有正式谈及陶渊明的艺术成就和生活态度,却又在一定的程度上有所弥补。

《陶渊明传论》没有来得及谈陶渊明的艺术成就和生活态度,真是一件非常遗憾的事情。因为千百年来中国人之所以热爱陶渊明,并不是因为他的政治态度,也并不是因为他的思想和儒家、道家、佛教等的关系,而恰恰是因为陶渊明于诗歌方面所取得的艺术成就和其中表现的生活态度。而且,作为一位诗人的传记,艺术成就和生活态度也恰恰应该是传记的核心和不能回避的重要方面。这些课题的写作,以李长之的才力、学识,完全可以交出出色的答卷,一如他在《司马迁之人格与风格》《道教徒的诗人李白及其痛苦》等所作的那样,那将是学术史上的何等幸事啊。但是,天忌其材,碍于时艰,李长之终于没有能够做。李长之在《陶渊明传论》的序言中说:"本来还想论陶渊明的艺术成就和生活态度,但因为有些其他工作耽搁太久了,所以姑且暂告一个段落。"这固然是原因之一,不过从李长之的性格来看,他思路活跃,跳跃性很大,有时一件事情没有干完,兴趣便转移,旁骛其他,以致许多写作计划中途中止也是常有的事。当年他写《鲁迅批判》时,也是声言"我要停笔。因为我惦记着许多别的文章和书"①后,便将其中很重要的内容像"鲁迅翻译的剧本和小说""鲁迅翻译的散文和随笔""鲁迅之杂译和杂著""鲁迅对旧籍之整理著作"等章节的写作计划搁置下来。后来时光荏苒,没能完成。这从某种意义上也可以算作一种性格悲剧吧。但这似乎仍也只是问题的一面。任何艺术活动,都有创作的间歇性和阶段性,都有不能强求的一面。假如这"暂告一个段落"的工作后来能够继续完成,真的只是暂停了一下,也未尝不是可以理解的事。现在存留的李长之的资料表明,尽管《陶渊明传论》受到了不公正的待遇,李长之对于所热爱的陶渊明的研究并没有停止。一九五六年十二月三日,他为北京师范大学学生会主办的刊物《蓓蕾》写了《谈陶渊明——陶渊明逝世一千五百三十年纪念》文章,就着重讲了陶渊明的艺术成就和生活态度;他似乎也有继续或重写陶渊明传记的打算,但这一切都被后来的"反右"斗争,被所谓的"文化大革命"所粉碎。《陶渊明传论》最后只能是李长之研究陶渊明的"一个段落","姑且"变成了永远。

《陶渊明传论》发表后,意外地引发了轩然大波,古典文学界为此展开了关于陶渊明的热烈讨论。从一九五四年六月七日《光

---

① 李长之. 鲁迅批判·后记[M]. 北京:北京出版社,2003.

明日报·文学遗产》发表阎简弼《读〈陶渊明传论〉》的批评文章开始到这一年年底,仅半年,有关陶渊明的文章已经超过了新中国成立后发表的同主题文章的总和。从这个意义上说,李长之的《陶渊明传论》颇有"报春花"的味道。但讨论很快形成了围攻之势。有的文章声言李长之的《陶渊明传论》"带来一定的毒害"[①],"造成的不良后果是必然的"[②]等。从李长之还没有噤口,还能够进行答辩,讨论没有最终的结论,不同的说法也没有定于一尊来看,围攻的局面大概主要是由学术风气不够正常造成的。新中国成立之初,在古典文学界,如何运用马克思列宁主义的文艺理论解释说明中国古典文学作家和作品,一方面缺乏对于具体对象的分析经验和实践,一方面也缺乏宏观地组织学术讨论的实践和经验。由于对于马克思列宁主义的文艺理论并没有很好地掌握,因此整个学术界庸俗地对待阶级分析,简单地幼稚地贴术语标签的地方比比皆是。批判李长之专著观点的文章不必说,就是李长之自己的观点和表述方法也不可能超越那个时代。比如他说"只是由于阶级的限制,陶渊明不能理解要做到'秋熟靡王税'不能只凭空想,而是要经过斗争——随闯王"就是一例。李长之的文章如此,遑论批判李长之的文章!李长之善于简单明了地归纳自己论文的观点,他的论文具有思辨的明确性、尖锐性。由于明确、尖锐,其观点就容易引发争论,可以成为旗帜,也可以成为聚焦的目标和箭垛靶子,这不仅见于《陶渊明传论》,也见于他的其他论著。李

[①] 易润之. 试论陶渊明[J]. 文学遗产增刊,1955(1).

[②] 叶鹏. 论陶渊明[J]. 文史哲,1956(12).

长之的《陶渊明传论》的发表,在陶学领域可谓一石激起千层浪,掀起了巨大的波澜。雄鸡一唱,群鸡叫白,自是合于人情物理。

鲁迅先生在《魏晋风度及文章与药及酒之关系》一文中说:"陶潜总不能超于尘世,而且,于朝政还是留心,也不能忘掉'死',这是他诗文中时时提起的。用别一种看法研究起来,恐怕也会成一个和旧说不同的人物罢。"李长之的《陶渊明传论》可以说是新中国成立后对于鲁迅的这一提议的第一次认真的落实。然而,《陶渊明传论》的命运却不佳,它本身有些"绿柳才黄半未匀"的味道,又遇到了寒流,先是遭到铺天盖地的围攻,接着遭到了尘封。不过,就《陶渊明传论》引来了新中国成立后对于陶渊明的研究的短暂的春天而言,也还值得,因为它告诉我们,在学术研究的道路上,指明方向和路径不容易,实践起来并完成它更是不容易。

于天池　李书

长之自订年谱

余年十二,始有日记,战乱流离,四十以前,已无存者。是后虽未辍,然兴会不同,简繁悬殊,有数月而未著一字者。今年逾知命,悔往日而追来者,乃粗列年谱,以自省览,未足为外人道也。长之记,时年五十五。

一九一〇　　庚戌　清宣统二年
　　　　　　祖父年五十,父年廿三,母年廿二
　　　　　　十月卅日,余生于山东利津城内东街,乳名东生。
　　　　　　原名长治,后改长植,通行者为长之。

一九一一　　辛亥　清宣统三年　一岁
　　　　　　外祖家福盛和歇业。

一九一二　　壬子　中华民国元年　二岁
　　　　　　五月,余随祖父、祖母、母,迁齐河。
　　　　　　夏,父毕业于山东高等学堂。在商埠小学任教。时余识字约三百,因伯父劝阻而止。

一九一三　余家迁洛口。余随母赴济南，母入女子师范保姆班。

一九一四　是年三月，余同母回洛口，因种痘，大病，几死。

一九一五　是年春，余全家迁济南，住司里街，康姓家。

一九一六　移住所里街。
余母再入学，系师范班，余则随母入女子师范蒙养园，后称幼稚园。其地在毛家坟。

一九一七　是年春，因伍大洲在周村宣布独立，讨袁世凯，全家避难于东关耶稣教堂，二十余日。余祖母入教，十月病殁。

一九一八　是年夏，因幼稚园迁虹桥，余入济南第一师范附属小学第一部。其地在南城根。时周骍与余为伴。校中所习为文言。

一九一九　济南抗日，校中组十人团，抵制日货。余开始读课外书。

一九二〇　是年改国文为国语。余读至国文第六册时已易书。王世栋任小学主任。

一九二一

一九二二

一九二三　　余入济南第一中学。是年夏识臧克家。

一九二四

一九二五

一九二六　　余考入山东大学附属高级中学文科，旋转理科。

一九二七

一九二八　　余入国民党。

　　　　　　转入齐鲁大学附属高级中学。

一九二九　　三月，日军始退出济南。

　　　　　　春，转入聊城第三师范后期师范，毕业。

　　　　　　秋入北京大学预科甲部（理学院）。国民党关系中断。编北京《益世报》"前夜副刊"。作《我所认识于孙中山先生者》，后六年始发表。

一九三〇

一九三一　　秋考入清华大学生物系。

　　　　　　南下参加抗日请愿，至南京。

一九三二　　《请教于八股式的唯物辩证法》发表。

一九三三　　是春，余转哲学系。父病，中风。
　　　　　　参加《文学季刊》编辑委员会。
　　　　　　《我对于文艺批评的要求和主张》发表。

一九三四　　任《清华周刊》文艺栏主编。
　　　　　　诗集《夜宴》自印出版。
　　　　　　创刊《文学评论》双月刊。

一九三五　　主编天津《益世报》"文学副刊"。三月六日创刊，发表《鲁迅批判》。
　　　　　　五月至彰德、开封、郑州、洛阳、西安旅行。
　　　　　　《论人类命运之二重性及文艺上两大巨潮之根本的考查》发表。
　　　　　　《论伟大思想家的共同点》发表。

一九三六　　九月二十日，父年四十九，病逝。时祖父年七十六，母年四十八。
　　　　　　清华大学毕业，任清华华侨生、蒙藏生导师，京华美术学院美学及西洋美术史教授。

一九三七　　七月二十日离平，至济。八月十三日至南京。九月初经香港、河内至昆明。
　　　　　　任云南大学教员，讲大一国文、哲学概论、文艺批评。

一九三八　　五月廿九日离滇。经筑，过渝，至蓉。

任成都清华中学高中部语文教员，兼图书仪器主任。

十月卅日，重庆，中央大学助教。

加入中华全国文艺界抗敌协会。

一九三九

一九四〇　　任教育部研究员，研究中国文学批评史。兼中央大学讲师。

夏，参加《星期评论》筹备工作，出版前退出。

《波兰兴亡鉴》《道教徒的诗人李白及其痛苦》《星的颂歌》出版。

一九四一　　任中央大学中国文学系讲师，授中国文学批评史、文学概论、论语研究。

《苦雾集》《西洋哲学史》《文艺史学与文艺科学》出版。

一九四二　　国民党重新登记。

一九四三　　任中央大学副教授。

结婚。

《德国的古典精神》《批评精神》出版。

一九四四	九月二十日，长女李诗生。 主编《时与潮文艺》"书评副刊"。 《迎中国的文艺复兴》《中国画论体系及其批评》《北欧文学》《韩愈》出版。
一九四五	春，在重庆北碚编译馆任编审；夏，以休养辞中央大学。 《梦雨集》《歌德童话》出版。 译康德《判断力批判》，校译席勒《威廉·退尔》。
一九四六	二月二日飞南京，编译馆图书主任。 作《审奸杂感》《燕子》。 主编《和平日报》副刊。 十月五日由海上至北平，任北平师范大学副教授。 主编《北平时报》"文园副刊"。 《论传统精神和传统偏见》发表。
一九四七	二月十三日蒋豫图被捕，余为访胡适，廿三日被释。 为《世界日报》撰社论。七月七日退出。 三月十九日《文园》停。 《司马迁之人格与风格》出版。

一九四八　　任北平师范大学教授。

三月二日得读美人SOMERUILLE《苏联哲学》。

一九四九　　四月四日作《世上只有一条路》一诗。

四月八日加入新民主主义文化建设协会。

七月出席全国第一次文学艺术者代表大会，会后赴东北参观。先后至沈阳、长春、哈尔滨、大连。

任师大工会副主席。

一九五〇　　四月二十日入华北人民革命大学政治研究院学习。

一九五一　　三月廿三日次女李书生。

赴四川参加土改。

《大理石的小菩萨》《龙伯国》《李白》出版。

一九五二　　《陶渊明传论》出版。

一九五三

一九五四　　代理教研室主任。

《中国文学史略稿》第一卷、第二卷出版。

一九五五　　八月十八日三子李礼生。

《中国文学史略稿》第三卷出版。

一九五六	《诗经试译》《孔子的故事》《强盗》《司马迁》出版。
一九五七	
一九五八	降级处分。
一九五九	
一九六〇	
一九六一	
一九六二	
一九六三	
一九六四	
一九六五	始读世界史。
一九六六	
一九六七	
一九六八	
一九六九	
一九七〇	
一九七一	
一九七二	
一九七三	
一九七四	

一九七五
一九七六
一九七七

注： 此《长之自订年谱》为长之先生"悔往日而追来者"所作，时间则 1966 年，为文革时也。偏于政治，而学术立场亦重。

家庭中叙祖父、祖母、父、母、子、女。不及弟、妻。朋友则叙及周骍、臧克家、蒋豫图。

康德《判断力批判》应该是已经完成。

自一九五七年之后，基本一片空白。

李长之传略

李长之是中国现当代著名的作家、批评家、翻译家、学者、教授。原名李长治,初中至大学曾用名李长植,大学以后用李长之或长之名。利津县人。生于一九一〇年,卒于一九七八年,享年六十八岁。

(一)

李氏家族是利津县的望族,著名古代钱币专家李佐贤就是这个家族的。清末民初文化教育的大变革时期,李氏家族依然居于前列。据民国二十四年修的《利津县续志》[1]记载,从清光绪二十八年到民国二十三年间,利津县的大学及专门学校毕业的学生共五十八人,李氏家族十五人,占了四分之一还要多。其中李长之和他的父亲李泽埇均榜上有名。李泽埇还是县里唯一学习英语专业的,领风气之先。

---

[1] 利津县史志办公室. 利津县志,民国卷:卷五[Z]. 东营:东营市新闻出版局,2007.

李泽埇受过新旧两种教育：既是中国最后一场科举的秀才，又毕业于相当于大学预科的山东高等学堂，掌握两门外语——英语和法语。后任教于济南商埠第一小学，长期在山东省的外交机关——外交部特派山东交涉员公署当公务员。一生勤奋、节俭，没有享受，没有嗜好，甚至也没有娱乐。他在晚年曾对李长之讲："我的生活就像表。在别人看，表的生活是再机械也没有了，是再枯燥也没有了，可是它的生活虽机械而枯燥，但别人假若因为表而作出些有意义的生活，表而有知，表不是也很安慰么？"[1] 这代表了他的人生观，给予李长之以很深的影响。

母亲黄素是一个热情好学而又喜爱艺术的人，从济南山东女子师范毕业后长期从事教育工作。

出身世家，父母又都受过新式教育，李长之可谓幸运儿。

李长之两岁左右离开利津，随父母先后迁居齐河和洛口，后定居济南。八岁入济南第一师范附属小学读书，后值五四运动爆发，校长王世栋为山东新文化运动代表人物，他把"五四"时期的许多文章汇集为一册《新文化评论》广为宣传。在这个学校，李长之第一次接触到白话文，也接触到解放的思想，阅读了胡适、鲁迅、郑振铎等人的作品。他后来回忆说："我是完全在这新文化运动的洗礼中而生活过来的，我感觉到她的光辉，我承受着她的营养。"[2]

一九二九年，李长之在山东聊城第三师范取得毕业证，负笈

---

[1] 李长之. 李长之文集：第八卷[M]. 石家庄：河北教育出版社，2006：522.

[2] 李长之. 李长之文集：第八卷[M]. 石家庄：河北教育出版社，2006：394.

北上，考入北京大学预科甲部（理学院）。一九三一年秋，考入清华大学生物系。一九三三年转入哲学系。在清华大学，他比较系统地学习了西方文化，尤其系统阅读、沉潜研究了德国古典时期温克尔曼、歌德、康德等人的作品，选择了文学批评作为学术研究方向。他参加郑振铎主编的《文学季刊》编委会，主持其中"书评副刊"。与杨丙辰创办《文学评论》。主编天津《益世报》"文学副刊"，发表《鲁迅批判》系列论文，由此奠定了其现当代文学批评家的地位。毕业后在北平先后任清华大学华侨生及蒙藏生导师、京华美术学院教授。

一九三七年，应熊庆来之邀，李长之赴云南大学讲学。因撰写《昆明杂记》事件于一九三八年离任，辗转到四川成都，后到重庆中央大学任助教。在中央大学期间，李长之阅读了希腊古典时期柏拉图等哲学家的巨著。尝言"我有三个向往的时代"，"我所谓的三个可向往的时代：希腊，周秦，古典的德国"。[①] 这三个时代的理想主义是李长之的学术渊源所在，是他的学术理想，也是其学术赖以成就的基础。在中央大学，李长之在讲授中国文学批评史、论语、文学理论、中国小说史等课程和担任《时与潮文艺》双月刊的"书评副刊"主编之余，出版了《西洋哲学史》《波兰兴亡鉴》《批评精神》《梦雨集》《苦雾集》等一系列学术著作，同时翻译了玛尔霍兹《文艺史学与文艺科学》。一九四四年，李长之因病离开中央大学。应梁实秋之约，于一九四五年任北碚中央编译馆编审，翻译康德《判断力批判》。抗战胜利前夕，出版了《迎中

---

① 李长之. 李长之文集：第十卷[M]. 石家庄：河北教育出版社，2006：151.

国的文艺复兴》。

一九四六年，李长之随编译馆复员来到南京，代理编译馆图书主任，负责接收敌伪一部分图书。并为重庆版《世界日报》撰写社论，任《和平日报》"和平副刊"主编，为《世纪评论》杂志撰稿。这一时期，李长之陆续完成其《司马迁之人格与风格》。秋，李长之回到阔别已久的北平，应黎锦熙之邀，任北平师范大学副教授，后任教授，直到去世。

一九四九年北平解放，李长之出席全国第一次文代会。旋即于一九五〇年因《鲁迅批判》受到攻击，并在《武训传》电影被批判时罹网其中。从此"华盖"频仍，在之后的历次政治运动中皆受到攻击。

一九五七年，李长之被错误地划成"右派"，从此被剥夺了教学和写作的权利。"文化大革命"爆发，复被打成牛鬼蛇神，受到残酷迫害，于一九七八年因病去世。

（二）

李长之天赋颖悟而又刻苦勤奋。

十二岁在小学时正式开始写作，主要是新诗、散文，发表在《儿童世界》《少年》《小朋友》上。由于他长得瘦弱、矮小，起初常有小孩欺负他。后来孩子们听大人说他是"拿稿费的孩子"，便对其产生了敬畏之心。中学时，李长之已是山东《东南日报》、天津《大中日报》记者，济南《长夜》副刊编委。考入清华大学后，曾因主编《清华周刊》文艺栏声名鹊起。当时李长之只是清华本科生，却已经是在北平的闻一多、梁实秋、周作人、郑振铎、巴金、曹禺、卞之琳、俞平伯、李广田、朱自清等众多文化名人的座上客，与远方的鲁迅、老舍、林语堂、臧克家等也有着密切的通信往来。他的文章像雪片一样刊载在《大公报》《国闻周报》《益世报》《再生》《文学季刊》等大型报刊上。

李长之文思敏捷，下笔千言，在他创办刊物，主编副刊期间，经常是一人独立执笔，全面支撑。著名的《鲁迅批判》是他主笔天津《益世报》"文学副刊"时连载的，副刊每逢周三和读者见面，洋洋洒洒万字左右一大版面，引得众多读者伸颈注目，争览报栏。有时报刊索稿，他让人在桌旁喝茶抽烟，自己在另一边执笔挥毫，片刻立就。有一次，朱自清询问他一天写作的最高纪录是多少，他回答说："快的时候，曾写过一万五千字的长文，还另外写了两篇杂感。"[1]

李长之极具语言天赋，他通晓英文、法文、德文、日文、俄文，其中俄文是他在四十岁以后所学的，也就几个月的工夫就可以进行翻译了。中国青年出版社一九五四年出版过他翻译的《什么是马克思主义哲学》一书。一九五八年他用英文向国外介绍了中国近代小说《镜花缘》，发表在《中国文学》上。作为翻译家，他的主要译著是德文作品，他翻译了歌德的《歌德童话》，翻译了席勒的剧作《强盗》。他翻译的玛尔霍兹的《文艺史学与文艺科学》，全面介绍了德国关于文艺史学与文艺科学的理论，被宗白

---

[1] 李长之. 李长之文集：第二卷[M]. 石家庄：河北教育出版社，2006：366.

华称为"有价值的中国还很缺少的文艺科学名著"。他的《德国的古典精神》专门介绍德国古典时期温克尔曼、歌德、康德、席勒、宏保尔特、薛德林的生平和著作,一九四三年由东方书社出版。时隔六十余年,中国社会科学出版社再版了此书。

李长之写作极其勤奋,在他的生活中,"写作是最快乐的了"。也有时由于太投入,"写完了时,面色也发白了,四肢也瘫软了,像生过一次恶性疟疾"。[①] 李长之对写作的条件要求很低,只要有笔,铅笔、钢笔、毛笔都行;只要有纸,哪怕是劣纸、废纸、旧报纸,只要能写上字,都不嫌弃。他写作也很少受环境的干扰,车上、船上、旅店、公园,只要纸笔在手就可以写出来。他可以连续几天不停顿地写作,其主编《时与潮文艺》的"书评副刊"期间所署的时间地点就是明证。他握笔的右手食指长着老茧,也曾因为写作生过几场大病,仿佛他来到这个世上就是为了写作!

他是一个诗人,出版过《夜宴》《星的颂歌》。

与一般诗人不同,李长之的诗歌创作是与他的诗歌理论相伴而行并产生影响的。他认为"诗的本质必须是情感的","诗的精神必须是韵律的","诗的形式必须是自由的"。他认为当日诗坛上的致命伤是"情感上的贫血":"胡适没有诗人的情感","郭沫若有诗人的情感,而粗糙,而不纯粹","徐志摩的诗漂亮则有之,流利则有之,情感也有,然而是浮薄的,缺少一种来源很深厚很绵长的生命力"。[②] 李长之自称其诗"没有风花雪月,没有香草美

---

① 李长之. 李长之文集:第八卷[M]. 石家庄:河北教育出版社,2006:516.
② 李长之. 李长之文集:第三卷[M]. 石家庄:河北教育出版社,2006:98-99.

人,没有惯于看旧诗的所要求的山水画的意境,也没有普洛,或者布尔,但青年人的要求与苦闷却是有的,这里我信是有一颗活的青年人的忠实的心;理想的碰壁,童幻的憧憬,前进的魔障,以及愚妄的压迫。……还有许多说不清的缭绕和纠缠"①。李长之少年时代的诗歌充满了童真和童谣色彩,比如《邻家的小孩儿》《小学校的门口儿》等,而进入清华大学之后的诗歌则充满思辨特点,更多表现的是学术的追求、思想的苦闷、理想的探索。诸如《思想的桎梏》《人生几何》《怀李太白——为本书渝版题》《女婴之歌》等。他的《一个青年人的苦闷》原题是《一个思想家的苦闷》,是一九三四年八月至一九三六年四月间其心路历程的形象记录。既有诗歌,又有理论,就其把对思想和理念的追求,把思辨的复杂过程用形象的、韵律的形式表现而言,李长之的诗歌在二十世纪三四十年代的诗坛上颇具特色。

他是一个童话和通俗读物的作家。

也许是李长之始终怀有一颗童心,"始终爱孩子""拥护孩子",也许是受到鲁迅和周作人的影响吧,李长之很早就写过给儿童看的《孩子的书》和《我教你读书》。像诗歌创作一样,李长之为孩子们写的书也是理论和创作相伴而行。他在翻译《歌德童话》时写了长长的序言阐明童话理论,是二十世纪三十年代罕有的童话学理论文字。李长之自己也写童话:《燕子》《龙伯国》《大理石的小菩萨》。这些童话,生动、浅近,更重要、更难能可贵的是带有浓厚的中国传统文化色彩,承载着中国传统文化的血脉。

---

① 李长之. 李长之文集:第八卷[M]. 石家庄:河北教育出版社,2006:5-6.

李长之最富盛名的通俗读物是介绍西方哲学的《西洋哲学史》和介绍中国传统文化的《孔子的故事》。对于《西洋哲学史》，抗战时期的重庆《时事新报》评论说："中国近代出版的哲学书数量不大，能散布着智慧的愉悦的更是不多。往往不是晦涩难读，就是企图着纯学术以外的目的，或是两者兼而有之。李长之君这本小的《西洋哲学史》里却包罗着溢出篇幅以外的丰富的哲学生命；这里是西洋两千多年的心灵的探险，智慧的结实；用着热情（**对哲学的真正热爱**）和明澈的态度，为着没有学过哲学书而徘徊于哲学门墙之外的青年写的。"[1] 对于《孔子的故事》，有评者认为"此书有两个显著优点，一是文字能做到真正意义上的通俗，二是史料处理严谨。这两条，对于我们今天做文化普及工作，仍具有示范意义"[2]。在中国现当代文化史上，许多人不很重视通俗读物的创作，有学问的人不屑于做或不肯做，学问少的人又做不好。李长之既有学问，又有爱心，可以说是难得的投入这方面来又取得了非凡成绩的作家和学者。

他是一个散文家。

李长之的散文明晰、通脱、大气。由于受过哲学的系统训练，其散文不斤斤于描头画角，而是高屋建瓴，大处着眼，元气淋漓。他的《大自然礼赞》写于一九三五年，那时他还是大学生，但作品一面世便引起轰动。现在人们依然喜爱它，很多中小学课本和课外读物选了它作为散文精品范本。李长之也写了不少游记，起初

---

[1] 《时事新报》，《学灯》渝版 135 期，1941 年 7 月 14 日。

[2] 于天池，李书. 用学者的精神写通俗的读物[J]. 书品，2004（6）.

颇受他的老师邓以蛰《西班牙游记》的影响,婉曲、流畅、充满书卷气,后来形成了自己的风格。那风格是:在描写上,不把重心放在自然风光而是放在民俗和文化上;在结构上,不采用线性叙事顺序而是采用散点透视的原则;在叙述上则采用白描手法,简洁而生动。一九三七年他写的《昆明杂记》曾经引起轩然大波,导致其被迫离开昆明。但多年后,这篇游记得到了学界也包括云南昆明人的理解和首肯。他后来写的《鸡鸣寺小品》《北平风光》也都堪称游记的佳构。李长之的文言文也得心应手,颇有孟子、司马迁的笔调,他的《悼季鸾先生》古色古香,显示了深湛的功力。

李长之又是一个文学史家。

二十世纪五十年代初,他写的《中国文学史略稿》一出版,立即受到高校从事中国古典文学教学的师生们的热烈欢迎。第一卷初版印数是5000册,第二卷也是5000册,第三卷初版印数一下子飙升到16000册,这在李长之著作出版史上是破天荒,在当时的古典文学研究出版领域也是一鸣惊人。与时下大量泛滥的文学史著作不同,李长之不是拼凑写作班子,各写一章节,各管一段,而是以一人之力贯穿到底,因此《中国文学史略稿》几卷的观点一以贯之,风格极其统一;他写《中国文学史略稿》也不是仓促领课题,赶任务,而是源于内在的冲动,有着强烈的文化使命感,因此既有丰厚的学术底蕴,又有对于中国文学史的挚爱和探索,充满灵动与活力。他写《中国文学史略稿》也不是像某些学者在一两年急就上马,而是做了长时间的准备,早在二十世纪三十年代他就立意要写一部中国文学史。为此,他在理论上做了充分的准备,阅读研究了大量西方理论著作,翻译了玛尔霍兹的《文艺史学与文艺科学》，撰写了《北欧文学》，将北欧文学作为他山之石，撰写了《中国文学史导论》《中国文学史上的律则》作为体系前奏，尤其是，他对于中国文学有着系统而深入的观照：从远古的《诗经》到现代的鲁迅，举凡大的作家作品、重要的文学现象，李长之都有重要的单项研究成果问世。这使得《中国文学史略稿》虽然是一部教材，却有着理论的深度和独到的见解，是李长之从宏观的角度对于中国文学史长期沉潜研究的结晶。可惜的是，《中国文学史略稿》第三卷出版后就赶上"反右"斗争，续写的元代文稿和他的主人一起被打翻在地；而明清部分、近代部分、现当代部分，虽断章零篇尚存，其内容则和其主人一起被封存在厚厚的历史尘埃之中。一九七八年春节，改革开放之初，刚刚筹建的大百科全书出版社立刻想到了《中国文学史略稿》，他们找到李长之，要求再版，并且希望在短期内续写未完成的部分。李长之非常高兴，在写好了的《中国文学史略稿新版题记中》慨然说："我只有重整我的专业，没完成的，完成它，已完成的修改好，为祖国的建设增添一砖一瓦，或者权当我的几声呐喊和欢呼，以鸣盛世吧。"[①]岂料天不遂愿，李长之于是年的年底猝然离世，《中国文学史略稿》成了《广陵散》，无人能续！

（三）

尽管李长之在学术领域涉猎甚广，皆堪称一流，但学术界还

---

① 李长之. 李长之文集：第七卷[M]. 石家庄：河北教育出版社，2006：710.

是主要以批评家视之，而李长之也最喜欢别人称他为批评家，说："如果有人称我为批评家，我听了最舒服，比称我什么都好。"①

李长之的批评是广义的批评，相当于英国学者阿诺德所说的Criticism。他说："从根本上看，文学批评家就等于批评家，不过，这批评家乃是把他的批评精神应用到文学上去了而已。"②他创办了中国第一个文学批评杂志——《文学评论》。他主张文学批评要专门化、专业化，"批评家就应当搞一辈子，不能中断，不能松懈"。③他是中国现当代最早的职业批评家的杰出代表。

由于李长之学贯中西，其批评的理念是Criticism，所以其批评的视野极其开阔广博，贯通中外古今，并不限于文学一隅。在现当代批评家当中，无论是从论文的数量还是所涉猎的内容范围上都取得了傲人的成绩。他曾是出色的政论家，为《大公报》《北平晨报》《自由评论》《世界日报》《和平日报》等报刊撰写了许多论时事、论教育的文章。即使就大家公认的文学批评领域而言，李长之的批评实践与其说在文学，毋宁说侧重在文化。他说："（文学的）工具问题，形式问题，都关联于内容的，内容却关系于整个文化。我们是必须把研究中国文学的事纳入体系的学术的轨道，从世界性，整个性，窥出那文化价值，从而批判之，变改之，由中国文学的新建设，以备人类的美丽健康的文学采择的！""我们要考核中国文学的内容，只有从整个的文化价值（Kulturwert）出

---

① 李长之. 李长之文集：第三卷[M]. 石家庄：河北教育出版社，2006：556.
② 李长之. 李长之文集：第三卷[M]. 石家庄：河北教育出版社，2006：23.
③ 李长之. 李长之文集：第三卷[M]. 石家庄：河北教育出版社，2006：555.

发,来认识我们的大作家。"① 正是由于这种文化观念,李长之的文学研究有一种恢宏的气象。他的《司马迁之人格与风格》是现当代研究《史记》和司马迁的重要参考。司马迁是百科全书式的巨人,他所处的时代又是中国在经济、文化、军事、外交全面放射出灿烂光华的岁月,单纯的文学批评家难以观照,单纯的历史评论家也难以掌控,而李长之的宽阔的文化视野则举重若轻地肩负起了这个任务。在所有中国经典作家中,李长之极为重视以孔子为代表的儒家文化,他认为"中国文化的精华在此","如果说中国有一种根本的立国精神,能够历久不变,能够浸润于全民族的生命之中,又能够表现中华民族之独特的伦理价值的话,这无疑是中国的儒家思想"。② 在对五四运动进行重新评价之后,他慨言:"我们却希望更深厚,更热情的文化新页早些开始。倘若我们再不要只是瓶中的插花了,那就必须是衔接(不是限于)中国文化传统而后可。"③ 李长之的某些批评的观点可以商榷,但他对于中国文学的深刻看法,对于中国传统文化的挚爱,对于复兴中国文化的强烈历史使命感,几十年之后反观回视,依然令我们震撼!

中国传统的文化批评,往往是诗话式、评点式,甚至是注释式的,缺乏系统性和体系性。李长之的文化批评引进了西方论文和专著的形式,给予了极大的颠覆。我们不能说李长之是体系批评的第一人,因为早在一九〇四年王国维就以其《红楼梦评论》开

---

① 李长之. 李长之文集:第三卷[M]. 石家庄:河北教育出版社,2006:110.
② 李长之. 李长之文集:第一卷[M]. 石家庄:河北教育出版社,2006:58.
③ 李长之. 李长之文集:第一卷[M]. 石家庄:河北教育出版社,2006:17.

启了现代体系批评的大门;我们也不能说李长之是那个时代唯一运用体系批评的批评家,因为其时无论是京派批评家还是海派批评家,大都也在采用着相关的形式。但是李长之是那个时代写书评最多最好的一个批评家,他的笔尖当日几乎横扫了所有文化名人,著名的批评鲁迅的《鲁迅批判》的出现,不仅是第一次对于鲁迅的批评,也不仅是第一次对于作家的专论。有论者认为李长之的"这种有组织,有体系的批评,在中国当时的文学批评界其意义甚至超越了对鲁迅分析批评的自身"①。李长之的《道教徒的诗人李白及其痛苦》甚至也是在古典文学批评领域第一次对于一个作家的专论。某种文艺形式或方法取代旧有的文艺形式或方法需要理论,需要方法,但更需要有实践和示范,只有出现了影响巨大的代表作,其后续又极快且多且好,新的文艺形式和方法才会形成潮流,才会改变旧有的方向,而李长之在这个潮流中无疑是有力的领跑者。

李长之视其批评如创作,尤其强调激情。他自言创作冲动不强烈时不写,酝酿不成熟时不写,没感到和自己的生命有共鸣时不写。他写《司马迁之人格与风格》时多次掩卷哭泣,写《道教徒的诗人李白及其痛苦》又多次大笑而歌。他在批评上主张"感情的批评主义"。这使得李长之的批评文字在明晰之外,有着浓重的抒情色彩和浪漫笔调,有时如火山爆发,若决江河;有时低回咏叹,如泣如诉。他的论文不像一般的说理论文那样沉闷,絮叨,晦涩,令人生厌,而是明晰,清楚,充满抒情笔调。这是李长之

---

① 于天池,李书. 论批评家李长之对鲁迅的研究[J]. 鲁迅研究月刊,2000(8).

的学术专著在今日能够一版再版的重要原因之一。

作为批评家,李长之最强调也最为人称道的是他高扬的批评家精神。他说:"伟大的批评家的精神,在不盲从。他何以不盲从?这是学识帮助他,勇气支持他,并且那为真理,为理性,为正义的种种责任主宰他,逼迫他。"① "批评是反奴性的。凡是屈服于权威,屈服于时代,屈服于欲望(例如虚荣和金钱),屈服于舆论,屈服于传说,屈服于多数,屈服于偏见成见(**不论是得自于他人,或自己创造**),这都是奴性,这都是反批评的。千篇一律的文章,应景的文章,其中决不能有批评精神。批评是从理性来的,理性高于一切。所以真正批评家,大都无所顾忌,无所屈服,理性之是者是之,理性之非者非之。"② 他是这样说的,也是这样做的。因此,他的批评往往并不符合中国人爱作绝对肯定或绝对否定的习惯,也不顾及中国人为长者讳、为尊者隐的文化传统。陶渊明是中国文学史上的大诗人,也是李长之喜爱的作家,但他在《陶渊明真能超出于时代么》一文中就指出,陶渊明无论在题材和表现手法两个方面都有着承袭和不高明的地方,"是六朝人的习气使然"③。他是尊敬热爱孙中山、鲁迅先生的,但他写的《我所认识于孙中山先生者》,热爱孙中山先生的人认为李长之的文章诬蔑领袖,否定孙中山先生的人认为他美化吹捧国民党;他的《鲁迅批判》也碰到了同样的情况。比如,他认为鲁迅不是思想家,

---

① 李长之. 李长之文集:第三卷[M]. 石家庄:河北教育出版社,2006:23.
② 李长之. 李长之文集:第三卷[M]. 石家庄:河北教育出版社,2006:155.
③ 李长之. 李长之文集:第七卷[M]. 石家庄:河北教育出版社,2006:427.

是战士。本来这是与不是，是可以讨论的，但在中国的文化环境中，一旦对某个问题的评论上升到政治的高度，一旦意见定于一尊了，相左的意见便不仅难以立足，而且变成了罪恶。《鲁迅批判》这本书在抗战期间被日本人所禁，被国民党所不喜；而新中国成立后的二十世纪五六十年代，它同样成为禁书，成为诬蔑鲁迅的反面教材。李长之去世的前一年，上海某出版社来人，意欲重新出版《鲁迅批判》，条件是将《鲁迅批判》的书名改成《鲁迅分析》。李长之和他们争执良久，后来不无苍凉地说："批判，其实就是分析评论的意思。我为《鲁迅批判》遭了一辈子罪，不改、不出，也罢！"

（四）

李长之无疑在中国现当代文化史上是一个引人注目的学者。

从一方面来看，他的人生，尤其是后半生，充满了悲剧色彩，在践踏和屈辱中走完了人生的旅途。

他远较其他知识分子受批判要早。一九五〇年他就因《鲁迅批判》而写过检查。对电影《武训传》的批判，他也牵扯其中。"三反""五反"中，他被停过课。一九五七年之后，终于被彻底停止了教书、写作的权利。"文化大革命"当中，他被戴上了"高帽子"，被批斗。一九七八年，可能因为不慎摔倒而不起，也可能是长期屈辱艰难的生活使他走到了生命的尽头。总之，他能够活到一九七八年，本身就是生命的奇迹！

但从另一方面来看，李长之又是幸运的。

以他的天资，在封建社会也不过就是一个神童而已。但是，他的童年既沐浴在"五四运动"的阳光下，又熏陶在齐鲁大地那个传统文化极为浓厚的氛围中。青年时负笈北平，在清华大学学德文，在自由主义的教育环境中最终自由自在地完成了自我。李长之与他的"五四"前辈不同，他没有传统文化的负担，也没有引进西方文化产生排异反应的恐惧。他深受中西两套博大精深文化的教育，中西方文化成果对他来说是一样的精严、一样的叹为观止。所以，李长之有"我有三个向往的时代"那样并列的看法，有着充分的文化底蕴去评论"五四运动"，并在抗日战争即将结束的时候，乐观地向往着当中国完成了统一、民主之后，会迎来一个无愧于既往的古代文化，也不逊色于西方文化的真正的文艺复兴。

李长之有天才的自觉意识和使命感。他在二十四岁时发表了《告青年文艺者——当心你的二十四岁》一文，说"从来的大作家，多半在二十四岁有他的惊人的处女作"，所以青年人"必须在二十四岁之前有所准备，例如观察分析的能力，对人类社会的认识理解，文字的熟练，和风格的独特，个人的中心思想，也就是人生观的确定，以及种种健全的现代人所应具的学识，都必须充分培养，像花草一样，必须有了种种培植滋养，才能到时候开一朵鲜艳美丽的花朵，在人，这时候便是作了开端的二十四岁"[①]。果然李长之就在是年发表了《鲁迅批判》，奠定了他在中国现当代批评家的地位。从这个意义上说，李长之靠着他的勤奋努力，依靠着时

---

① 李长之. 李长之文集：第八卷[M]. 石家庄：河北教育出版社，2006：290-291.

代的恩赐，没有夭折，没有埋没，是一个成长了的天才。

李长之有幸在还活着的时候赶上"文化大革命"结束，看到了改革开放的熹微的曙光。

他去世后，其学术活动以及在现当代文化史上的贡献，渐渐揭开面纱，显露于世。

著名的现当代文学史家司马长风在一九七五年（香港尚未回归，李长之尚在世时），在香港发表《李长之实大于名》的文章，称李长之是民国年间四大批评家之一，其他三人分别是李健吾、朱自清、朱光潜，他认为与其他人相比，"在著作方面李氏未得尽其才，知者甚少，可以说是实大于名的作家"[1]。司马长风说李长之未能尽其才，确实是真知李长之者。据我们所知，李长之除《中国文学史略稿》没有完成外，还有《中国美学史》《杜甫论》《李商隐》等一大堆作品因故死于襁褓。可以想象，假如李长之后来没有遭到厄运，天假之年，继续发挥天纵之才，那么他的如椽之笔该会给中国文坛带来多么大的贡献呢！不过，说李长之"实大于名"，则可能只限于司马长风说话的那个年代。历史是相对公正的。有的人，在世时因缘际会，可能声名显赫，名大于实，而死后则身与名俱灭，或名回落到应有的位置；而有的人，虽然由于各种原因，身前寂寞，甚至遭到封杀，但身后却不仅被人存留于长时间的记忆，而且还可能永垂不朽呢！

---

[1] 司马长风. 李长之实大于名[J]. 香港：明报月刊（集思录），1975-5-28.

图书在版编目（CIP）数据

陶渊明传论 / 李长之著 . -- 武汉：华中科技大学出版社，2022.6（2023.11重印）
ISBN 978-7-5680-7959-4

Ⅰ.①陶… Ⅱ.①李… Ⅲ.①陶渊明（365-427）- 传记 Ⅳ.① K825.6

中国版本图书馆 CIP 数据核字 (2022) 第 067779 号

陶渊明传论
Tao Yuanming Zhuanlun

李长之 著

策划编辑：刘晚成
责任编辑：孙　念
策划监制：小马BOOK
特约编辑：小马・小北
责任校对：刘　竣
责任监印：朱　玢
封面设计：☺ ・车　球
出版发行：华中科技大学出版社（中国・武汉）　　电话：（027）81321913
　　　　　武汉市东湖新技术开发区华工科技园　　邮编：430223
印　　刷：湖北新华印务有限公司
开　　本：880mm × 1230mm　1/32
印　　张：8.375
字　　数：181千字
版　　次：2023年11月第1版第2次印刷
定　　价：42.00元

本书若有印装质量问题，请向出版社营销中心调换
全国免费服务热线：400-6679-118　竭诚为您服务
版权所有　侵权必究